CÓDIGO DE DEFESA DO CONSUMIDOR

Lei n. 8.078, de 11 de setembro de 1990

Com anotações e remissões
à legislação extravagante

EDUARDO GABRIEL SAAD

CÓDIGO DE DEFESA DO CONSUMIDOR

Lei n. 8.078, de 11 de setembro de 1990

Com anotações e remissões
à legislação extravagante

2ª Edição

Atualizada e revista por
JOSÉ EDUARDO DUARTE SAAD
saad@saadadvocacia.com.br

Advogado. Professor. Membro do Instituto dos Advogados de São Paulo.
Ex-Procurador Chefe do Ministério Público do Trabalho, em São Paulo.
Ex-Assessor Jurídico de Ministro do Supremo Tribunal Federal.

ANA MARIA SAAD CASTELLO BRANCO
Advogada

Editora LTr
SÃO PAULO

Dados Internacionais de Catalogação na Publicação (CIP)
(Câmara Brasileira do Livro, SP, Brasil)

Saad, Eduardo Gabriel.
   Código de defesa do consumidor : (lei n. 8.078, de 11 de setembro de 1990) / Eduardo Gabriel Saad. 2. ed. — São Paulo : LTr, 2010.

"Com anotações e remissões à legislação extravagante"

Bibliografia.
ISBN 978-85-361-1604-4

1. Consumidores — Leis e legislação — Brasil I. Título.

10-09146   CDU-34.381.6(81)

Índices para catálogo sistemático:
   1. Brasil : Código de Defesa do Consumidor   34.381.6(81)
   2. Brasil : Consumidores: Código de defesa e proteção
      34.381.6(81)
   3. Código de Defesa do Consumidor : Brasil   34.381.6(81)

Projeto Gráfico e Editoração Eletrônica: **Peter Fritz Strotbek**
Design de Capa: **Genesis**
Impressão: **Assahi Gráfica e Editora**

© Todos os direitos reservados

EDITORA LTDA.

Rua Jaguaribe, 571 – CEP 01224-001 – Fone (11) 2167-1101
São Paulo, SP – Brasil – www.ltr.com.br

LTr 4340.6   Agosto, 2010

Agradecimentos

Sempre serão poucas nossas palavras de agradecimento
à **Irene Ferreira de Souza Duarte Saad,**
que, com paciência e terna devoção,
colaborou nesta e nas outras edições de nossos livros.

José Eduardo Duarte Saad
Ana Maria Saad Castello Branco

Sumário

Coletânea das Normas Correlatas citadas 9

TÍTULO I — DOS DIREITOS DO CONSUMIDOR

Capítulo I — Disposições gerais (arts. 1º a 3º) 15

Capítulo II — Da política nacional de relações de consumo (arts. 4º e 5º) 19

Capítulo III — Dos direitos básicos do consumidor (arts. 6º e 7º) 21

Capítulo IV — Da qualidade de produtos e serviços, da prevenção e da reparação dos danos (arts. 8º a 28) 23

    Seção I — Da proteção à saúde e segurança (arts. 8º a 11) 23

    Seção II — Da responsabilidade pelo fato do produto e do serviço (arts. 12 a 17) 26

    Seção III — Da responsabilidade por vício do produto e do serviço (arts. 18 a 25) .. 28

    Seção IV — Da decadência e da prescrição (arts. 26 e 27) 33

    Seção V — Da desconsideração da personalidade jurídica (art. 28) 35

Capítulo V — Das práticas comerciais (arts. 29 a 45) 36

    Seção I — Das disposições gerais (art. 29) 36

    Seção II — Da oferta (arts. 30 a 35) 36

    Seção III — Da publicidade (arts. 36 a 38) 40

    Seção IV — Das práticas abusivas (arts. 39 a 41) 42

    Seção V — Da cobrança de dívidas (arts. 42 e 42-A) 44

    Seção VI — Dos bancos de dados e cadastros de consumidores (arts. 43 a 45) 45

Capítulo VI — Da proteção contratual (arts. 46 a 54) 46

    Seção I — Disposições gerais (arts. 46 a 50) 46

    Seção II — Das cláusulas abusivas (arts. 51 a 53) 48

    Seção III — Dos contratos de adesão (art. 54) 54

Capítulo VII — Das sanções administrativas (arts. 55 a 60) 54

TÍTULO II — DAS INFRAÇÕES PENAIS

Arts. 61 a 80 59

TÍTULO III — DA DEFESA DO CONSUMIDOR EM JUÍZO

Capítulo I — Disposições gerais (arts. 81 a 90) 68

Capítulo II — Das ações coletivas para a defesa de interesses individuais homogêneos (arts. 91 a 100) 72

Capítulo III — Das ações de responsabilidade do fornecedor de produtos e serviços (arts. 101 e 102) 75

Capítulo IV — Da coisa julgada (arts. 103 e 104) 76

TÍTULO IV — DO SISTEMA NACIONAL DE DEFESA DO CONSUMIDOR

Arts. 105 e 106 78

TÍTULO V — DA CONVENÇÃO COLETIVA DE CONSUMO

Arts. 107 e 108 79

TÍTULO VI — DISPOSIÇÕES FINAIS

Arts. 109 a 119 80

Índice Alfabético e Remissivo 83

Coletânea das Normas Correlatas citadas

Todas as leis e decretos a seguir relacionadas poderão ser consultados na íntegra no portal da Presidência da República: <http://www.presidencia.gov.br/legislacao>.

Lei Complementar n. 80, de 12.1.1994 — organiza a Defensoria Pública da União, do Distrito Federal e Territórios.

Lei Complementar n. 109, de 29.5.2001 — dispõe sobre o Regime da Previdência Complementar.

Lei Complementar n. 123, de 14.12.2006 — institui o Estatuto Nacional da Microempresa.

Lei Delegada n. 4, de 26.9.1962 — autoriza intervenção no domínio econômico para assegurar livre distribuição de produtos necessários ao consumo do povo.

Lei n. 1.060, de 5.2.1950 — regula a assistência judiciária e a maneira de solicitá-la.

Lei n. 1.521, de 26.12.1951 — Lei de Economia Popular.

Lei n. 2.180, de 5.2.1954 — sobre o Tribunal Marítimo.

Lei n. 3.099, de 24.2.1957, regulamentada pelo Decreto n. 50.532, de 3.5.1961 — sobre empresas que prestam serviços de informações.

Lei n. 4.504, de 30.11.1964 — Estatuto da Terra.

Lei n. 4.591, de 16.12.1964 — sobre condomínio em edificações.

Lei n. 4.595, de 31.12.1964 — regula as atividades bancárias e creditícias.

Lei n. 4.680, de 18.6.1965, regulamentada pelo Decreto n. 57.690, de 1.2.1966 — regula a profissão de publicitário.

Lei n. 4.728, de 14.7.1965 — disciplina o mercado de capitais.

Lei n. 4.886, de 9.12.1965 — regula as atividades dos representantes comerciais autônomos.

Lei n. 5.172, de 25.10.1966 — Código Tributário Nacional.

Lei n. 5.250, de 9.2.1967 — Lei de Imprensa.

Lei n. 5.966, de 11.12.1973 — criou o Sistema Nacional de Metrologia, Normalização e Qualidade Industrial, o CONMETRO e o INMETRO.

Lei n. 6.015, de 31.12.1973 — Lei dos Registros Públicos.

Lei n. 6.024, de 13.3.1974 — dispondo sobre intervenção e liquidação extrajudicial de instituições financeiras.

Lei n. 6.099, de 12.9.1974 — dispõe sobre o tratamento tributário das operações de arrendamento mercantil.

Lei n. 6.360, de 23.9.1976 — sobre vigilância sanitária a que ficam sujeitos os medicamentos, drogas e insumos farmacêuticos.

Lei n. 6.404, de 15.12.1976 — dispondo sobre as sociedades por ações.

Lei n. 6.437, de 20.8.1977 — sobre infrações à legislação sanitária federal.

Lei n. 6.463, de 9.11.1977 — tornando obrigatória a declaração do preço de venda à vista nas vendas a prestações.

Lei n. 6.766, de 19.12.1979 — dispõe sobre parcelamento do solo.

Lei n. 6.938, de 31.8.1981 — define o que seja meio ambiente.

Lei n. 7.102, de 20.6.1983, regulamentada pelo Decreto n. 89.056, de 24.11.1983 — dispõe sobre segurança para estabelecimentos financeiros oferecida por empresas que explorem serviços de vigilância e de transporte de valores.

Lei n. 7.347, de 24.7.1985 — disciplina a ação civil pública de responsabilidade por danos ao consumidor.

Lei n. 7.492, de 16.6.1986 — crimes contra o sistema financeiro.

Lei n. 7.565, de 19.12.1986 — aprovando Código Brasileiro de Aeronáutica.

Lei n. 7.802, de 11.7.1989 — dispondo sobre produção e comercialização de agrotóxicos.

Lei n. 7.913, de 7.12.1989 — dispõe sobre ação civil pública de responsabilidade por danos causados a investidores no mercado de valores mobiliários.

Lei n. 8.072, de 25.7.1990 — art. 1º-VII-b: considera como crime hediondo falsificação, corrupção, adulteração ou alteração de produto destinado a fins terapêuticos ou medicinais. (inciso incluído pela Lei n. 9.695, de 20.8.1998)

Lei n. 8.137, de 27.12.1990 — define crimes contra a ordem tributária, econômica e relações de consumo.

Lei n. 8.158, de 8.1.1991 — estabelecendo normas para a defesa da concorrência.

Lei n. 8.245, de 18.10.1991 — locação de imóveis.

Lei n. 8.630, de 25.2.1993 — sobre o regime jurídico de exploração dos portos nacionais.

Lei n. 8.656, de 21.5.1993 — determina prazo para o poder executivo regulamentar as sanções administrativas previstas no Capítulo VII, do Título I, do Código de Defesa do Consumidor.

Lei n. 8.884, de 11.6.1994 (Lei Antitruste) — dispondo sobre a prevenção e a repressão às infrações contra a ordem econômica e se orienta pelos "ditames constitucionais de liberdade de iniciativa, livre concorrência, função social da propriedade, defesa dos consumidores e repressão ao abuso do poder econômico".

Lei n. 8.918, de 14.7.1994 — regulamentada pelo Decreto n. 6.871, de 4.6.2009, dispondo sobre a padronização, a classificação, a inspeção e o registro de bebidas.

Lei n. 8.934, de 18.11.1994 — dispõe sobre o registro público de empresas mercantis. O Decreto n. 1.800, de 30.1.1996 regulamenta essa lei.

Lei n. 8.935, de 16.11.1994 — dispondo sobre serviços notariais e de registro (Lei do Cartório).

Lei n. 8.977, de 6.1.1995, regulamentada pelo Decreto n. 2.206, de 14.4.1997 — sobre TV a cabo.

Lei n. 8.987, de 13.2.1995 — dispondo sobre regime de concessão e permissão da prestação de serviços públicos.

Lei n. 9.008, de 21.3.1995 — criando, no Ministério da Justiça, o Conselho Federal Gestor do Fundo de Defesa de Direitos Difusos (CFDD).

Lei n. 9.048, de 18.5.1995 — torna obrigatória a existência de instrumentos de medição de peso nos postos de revenda de gás liquefeito de petróleo para uso doméstico.

Lei n. 9.069, de 29.6.1995 — dispõe sobre o Plano Real: art. 59 — estabelece que a prática de atos que configurem crimes contra a ordem tributária (Lei n. 8.137, 27.12.1990), bem como que a falta de emissão de notas fiscais pela empresa acarretará a perda de incentivos e outros benefícios previstos na legislação tributária.

Lei n. 9.074, de 7.7.1995 — sobre outorga e prorrogação das concessões e permissões de serviços públicos.

Lei n. 9.099, de 26.9.1995 — dispõe sobre Juizados Especiais Cíveis e Criminais.

Lei n. 9.279, de 14.5.1996 — dispondo sobre propriedade industrial e concorrência desleal.

Lei n. 9.294, 15.7.1996 — sobre o uso de cigarros, cigarrilhas, charutos, cachimbos, ou de qualquer outro produto fumígeno derivado do tabaco, em recinto coletivo, privado ou público, tais como, repartições públicas, hospitais, salas de aula, bibliotecas, ambientes de trabalho, teatros e cinemas, exceto em fumódromos e trata da propaganda comercial desses produtos.

Lei n. 9.307, de 23.9.1996 — regulando o instituto da arbitragem.

Lei n. 9.432, de 8.1.1997, regulamentada pelo Decreto n. 2.256, de 17.6.1997 — dispondo sobre a ordenação do transporte aquaviário.

Lei n. 9.494, de 10.9.1997 — disciplina a tutela antecipada.

Lei n. 9.507, de 12.11.1997 — regulando o instituto do *habeas data*.

Lei n. 9.537, de 11.12.1997 — segurança do tráfego aquaviário.

Lei n. 9.609, de 19.2.1998 — sobre propriedade intelectual de programa de computador.

Lei n. 9.610, de 19.2.1998 — consolida a legislação sobre direitos autorais.

Lei n. 9.611, de 19.2.1998 — dispondo sobre transporte multimodal de cargas.

Lei n. 9.656, de 3.6.1998 — sobre contratos de planos e seguros privados de saúde.

Lei n. 9.781, de 19.1.1999 — institui a taxa processual sobre os processos de competência do Conselho Administrativo de Defesa Econômica — CADE.

Lei n. 9.782, de 26.1.1999 — cria a Agência Nacional de Vigilância Sanitária — ANVISA, incumbida de regulamentar, controlar e fiscalizar os produtos que envolvam risco à saúde pública, incluindo medicamentos, alimentos, bebidas, cosméticos e produtos de higiene pessoal e perfumes, saneantes domiciliares, hospitalares e coletivos, equipamentos e materiais médico--hospitalares, odontológicos e hemoterápicos e de diagnóstico laboratorial e por imagem, radioisótopos para uso diagnóstico, cigarros, cigarrilhas e charutos.

Lei n. 9.784, de 29.1.1999 — traçando as linhas básicas do processo administrativo da União.

Lei n. 9.791, de 24.3.1999 — dispõe sobre a obrigatoriedade de as concessionárias de serviços públicos estabelecerem ao consumidor e ao usuário datas opcionais para o vencimento de seus débitos.

Lei n. 9.832, de 14.9.1999 — proíbe o uso industrial de embalagens metálicas soldadas com liga de chumbo e estanho para acondicionamento de gêneros alimentícios, exceto para produtos secos ou desidratados.

Lei n. 9.870, de 23.11.1999 — dispondo sobre anuidades escolares.

Lei n. 9.965, de 27.4.2000 — restringe a venda de esteroides ou peptídeos anabolizantes.

Lei n. 10.499, do Estado de São Paulo, de 5.1.2000 — dispõe sobre as formas de afixação de preços de produtos e serviços, para conhecimento do consumidor.

Lei n. 10.504, de 8.7.2002 — cria o Dia Nacional do Consumidor.

Lei n. 10.603, de 17.12.2002 — regula a proteção, contra o uso comercial desleal, de informações relativas aos resultados de testes ou outros dados não divulgados apresentados às autoridades competentes como condição para aprovar ou manter o registro para a comercialização de produtos farmacêuticos de uso veterinário, fertilizantes, agrotóxicos seus componentes e afins.

Lei n. 10.741, de 1º.10.2003 — Estatuto do Idoso.

Lei n. 10.742, de 6.10.2003 — define normas de regulação para o setor farmacêutico e cria a Câmara de Regulação do Mercado de Medicamentos — CMED.

Lei n. 10.962, de 11.10.2004 — dispõe sobre a oferta e as formas de afixação de preços de produtos e serviços para o consumidor.

Lei n. 11.101, de 9.2.2005 — Lei da Recuperação Judicial, Extrajudicial e da Falência.

Lei n. 11.291, de 26.4.2006 — dispõe sobre a inclusão nos locais indicados de aviso alertando sobre os malefícios resultantes do uso de equipamentos de som em potência superior a 85 (oitenta e cinco) decibéis.

Lei n. 11.795, de 8.10.2008 — Lei de Consórcios.

Lei n. 12.007, de 29.7.2009 — dispõe sobre a emissão de declaração de quitação anual de débitos pelas pessoas jurídicas prestadoras de serviços públicos ou privados.

Lei n. 12.291, de 20.7.10 — torna obrigatória a manutenção de exemplar do Código de Defesa do Consumidor nos estabelecimentos comerciais e de prestação de serviços.

Leis sobre contratos imobiliários — 4.380, de 21.8.1964; 4.864, de 29.11.1965; 5.455, de 19.6.1968; 5.741, de 1º.12.1971; 6.748, de 10.12.1979; 7.989, de 28.12.1989; 8.004, de 14.3.1990; 8.100, de 5.12.1990; 8.692, de 28.7.1993; 9.069, de 29.5.1995, MP n. 2.197-43, de 24.8.2001.

Lei Estadual n. 13.541, de 7.5.09, do Estado de São Paulo, regulamentada pelo Decreto Estadual n. 54.311, de 7.5.09 — proíbe o consumo de cigarros, cigarrilhas, charutos, cachimbos ou de qualquer outro produto fumígeno, derivado ou não do tabaco, em ambientes de uso coletivo, total ou parcialmente fechados. (Nota do Autor: esta lei estadual é mais rigorosa que a legislação federal, pois não permite os "fumódromos" dentro dos locais públicos ou privados)

Lei Estadual n. 13.747, do Estado de São Paulo, de 7.10.09, regulamentada pelo Decreto Estadual n. 55.015, de 11.11.09 — obriga os fornecedores de bens e serviços localizados no Estado de São Paulo a fixar data e turno para a entrega dos produtos ou realização dos serviços aos consumidores.

Medida Provisória n. 2.172-32, de 23.8.2001 — declarando a nulidade de estipulações usurárias, notadamente aquelas atinentes à fixação de juros superiores aos limites legais.

Medida Provisória n. 2.180, de 24.8.2001 — acrescentou à Lei n. 9.494/1997 o art. 2º-A para estatuir que, nas ações coletivas propostas contra a União, os Estados, o Distrito Federal, os Municípios e suas autarquias e fundações, a petição inicial deverá obrigatoriamente estar instruída com a ata da assembleia da entidade associativa que a autorizou, acompanhada de relação nominal de seus associados e indicação dos respectivos endereços. Tal sentença só beneficiará os associados que, na data da propositura da ação, tinham residência no âmbito da competência do órgão prolator.

Decreto Legislativo n. 2.681, de 7.12.1912 — regulando a responsabilidade civil das estradas de ferro.

Decreto Legislativo n. 30, de 15.12.1994 — aprovando Acordo sobre Salvaguardas, constante do Acordo Geral sobre Tarifas Aduaneiras (GATT). Seu Regulamento está no Decreto n. 1.488, de 11.5.1995.

Decreto-lei n. 3.688, de 3.10.1941 — Lei das Contravenções Penais.

Decreto-lei n. 7.583, de 25.5.1945 (Decreto-lei n. 8.495, de 28.12.1945, Decreto-lei n. 1.477/1976 e Lei n. 8.135/1990) — sobre sociedades de crédito, financiamento e de investimento.

Decreto-lei n. 73, de 21.11.1966 — sobre Sistema Nacional de Seguros Privados.

Decreto-lei n. 116, de 25.1.1967 — regulamentado pelo n. 64.387, de 22.4.1969, dispondo sobre transporte de mercadorias por via d'água nos portos brasileiros.

Decreto-lei n. 200, de 25.2.1967 — dispõe sobre a organização da Administração Federal e, estabelece diretrizes para a Reforma Administrativa.

Decreto-lei n. 406, de 31.12.1968 — com lista de serviços tributáveis.

Decreto-lei n. 986, de 21.10.1969 — que institui normas básicas sobre alimentos.

Decreto n. 916, de 24.10.1890 — criando o registro de firmas ou razões comerciais.

Decreto n. 1.102, de 21.11.1903 — regras para estabelecimento de armazéns gerais, modificado pela Lei Delegada n. 4 de 26.9.1962.

Decreto n. 60.459, de 13.3.1967 — sobre seguros obrigatórios.

Decreto n. 89.309, de 18.1.1984 — sobre representação da União nas empresas estatais e controle dos interesses da Fazenda Nacional nas empresas estatais.

Decreto n. 92.319, de 23.1.1986 — dispondo sobre empresas estrangeiras que explorem o transporte aéreo no território nacional.

Decreto n. 36, de 14.2.1991 — aprova o Regulamento da Lei n. 8.158, de 8 de janeiro de 1991, que institui normas para a defesa da concorrência.

Decreto n. 646, de 9.9.1992 — dispondo sobre a forma de investidura nas funções de despachante aduaneiro.

Decreto n. 1.263, de 10.10.1994 — ratifica adesão aos arts. 1º a 12 e 28, I, da Revisão de Estocolmo da Convenção de Paris para Proteção da Propriedade Industrial, de 20.3.1883.

Decreto n. 1.306, de 9.11.1994 — regulamenta o Fundo de Defesa de Direitos Difusos e seu Conselho Gestor.

Decreto n. 1.501, de 24.5.1995 — dispõe sobre a fiscalização da distribuição, do armazenamento e do comércio de combustíveis, apuração das infrações e penalidades, e dá outras providências.

Decreto s/n, de 28.9.1995 — cria a Comissão Nacional Permanente de Defesa do Consumidor.

Decreto n. 1.832, de 4.3.1996 — aprovando Regulamento dos Transportes.

Decreto n. 2.018, de 1º.10.1996 — regulamenta a Lei n. 9.294/1996, definindo os conceitos de recinto coletivo e área devidamente isolada e destinada exclusivamente ao tabagismo e dispondo sobre a propaganda e embalagem desses produtos.

Decreto n. 2.181, de 20.3.1997 — que organiza o Sistema Nacional de Defesa do Consumidor.

Decreto n. 2.521, de 20.3.1998 — dispõe sobre a exploração, mediante permissão e autorização, de serviços de transporte rodoviário interestadual e internacional de passageiros.

Decreto n. 2.596, de 18.5.1998 — aprovando Regulamento do Tráfego Aquaviário.

Decreto n. 2.978, de 2.3.1999 — regulamenta a arrecadação da Taxa Processual e da Taxa de Serviços do Conselho Administrativo de Defesa Econômica — CADE.

Decreto n. 3.029, de 16.4.1999 — aprova o Regulamento da Agência Nacional de Vigilância Sanitária.

Decreto n. 4.680, de 24.4.2003 — regulamenta o direito à informação quanto aos alimentos e ingredientes alimentares destinados ao consumo humano ou animal que contenham ou sejam produzidos a partir de organismos geneticamente modificados.

Decreto n. 5.440, de 4.5.2005 — estabelece definições e procedimentos sobre o controle de qualidade da água de sistemas de abastecimento e institui mecanismos e instrumentos para divulgação de informação ao consumidor sobre a qualidade da água para consumo humano.

Decreto n. 5.903, de 20.9.2006 — regulamenta a Lei n. 10.962, que trata sobre a oferta e as formas de afixação de preços de produtos e serviços para o consumidor.

Decreto n. 6.523, de 31.7.2008 — fixa normas gerais sobre o Serviço de Atendimento ao Consumidor — SAC por telefone, no âmbito dos fornecedores de serviços regulados pelo Poder Público Federal, com vistas à observância dos direitos básicos do consumidor de obter informação adequada e clara sobre os serviços que contratar e de manter-se protegido contra práticas abusivas ou ilegais impostas no fornecimento desses serviços.

Decreto n. 6.932, de 11.8.2009 — dispõe sobre a simplificação do atendimento público prestado ao cidadão, ratifica a dispensa do reconhecimento de firma em documentos produzidos no Brasil e institui a "Carta de Serviços ao Cidadão".

Diretiva da Comunidade Econômica Europeia, de 25.7.1985.

MERCOSUL, Tratado de Assunção, de 26.3.1991 — promulgado pelo Decreto n. 350, de 21.11.1991.

Norma Regulamentadora NR-6, da Portaria 3.214, do Ministério do Trabalho e Emprego, de 8.6.1978 — dispõe sobre os Equipamentos de Proteção Individual — EPI — destinado à proteção de riscos suscetíveis de ameaçar a segurança e a saúde no trabalho.

Portaria Interministerial n. 477, dos Ministérios da Saúde, Justiça e Comunicações, de 24.3.1995 — sobre o teor das advertências sobre os males causados pelo consumo do tabaco.

Portaria n. 193, de 27.12.1996, do INMETRO — com normas de identificação de dispositivos elétricos.

Portaria n. 2.014, do Ministério da Justiça, de 13.10.2008 — estabelece o tempo máximo para o contato direto com o atendente e o horário de funcionamento no Serviço de Atendimento ao Consumidor — SAC.

Portaria n. 2.814, do Ministério da Saúde, de 29.5.1998 — estabelece procedimentos a serem observados pelas empresas produtoras, importadoras, distribuidoras e do comércio farmacêutico, objetivando a comprovação, em caráter de urgência, da identidade e qualidade de medicamento, objeto de denúncia sobre possível falsificação, adulteração e fraude.

Portaria n. 21, PROCON/SP, de 12.4.2005 — dispõe sobre o procedimento aplicável às consultas e reclamações de consumidores e sua divulgação por meio do banco de dados e do cadastro de reclamações fundamentadas.

Portaria n. 26, do PROCON/SP — dispõe sobre o procedimento sancionatório na violação às normas de proteção e defesa do consumidor.

Portaria n. 3, de 19.3.1999, da Secretaria de Direito Econômico, do Ministério da Justiça, com elenco de nulidades de vários contratos de consumo.

Portaria n. 4, do Ministério da Justiça, de 13.3.1998 — complementa o elenco de cláusulas abusivas previstas no art. 51 do CDC.

Portaria n. 3, do Ministério da Justiça, de 19.3.1999 — complementa o elenco de cláusulas abusivas previstas no art. 51 do CDC.

Portaria n. 3, do Ministério da Justiça, de 15.3.2001 — complementa o elenco de cláusulas abusivas previstas no art. 51 do CDC.

Portaria n. 5, do Ministério da Justiça, de 27.8.2002 — complementa o elenco de cláusulas abusivas previstas no art. 51 do CDC.

Portaria n. 7, do Ministério da Justiça, de 3.9.2003 — considerando abusiva a interrupção da internação hospitalar em leito clínico, cirúrgico ou em centro de terapia intensiva ou similar, por motivos alheios às prescrições médicas.

Portaria n. 753, de 29.10.1998, do Ministro da Justiça, aprovando Regulamento de apuração de práticas restritivas da concorrência no âmbito da Secretaria de Direito Econômico.

Portaria n. 789, do Ministério da Justiça, de 24.8.2001 — dispõe sobre a periculosidade de produtos e serviços já introduzidos no mercado de consumo e regulamenta o chamamento dos consumidores, conhecido como *recall*.

Portaria n. 81, de 23.1.2002 — estabelece regra para a informação aos consumidores sobre mudança de quantidade de produto comercializado na embalagem.

Portaria n. 93, de 27.12.1996, do INMETRO — com normas para identificar dispositivos elétricos utilizados em instalações elétricas de baixa tensão.

Resolução de 14.4.1975, do Conselho da Comunidade Econômica Europeia, com programa de proteção e informação dos consumidores.

Resolução n. 9 da ANAC, de 5.6.2007 — aprova a Norma Operacional de Aviação Cível — NOAC — que dispõe sobre o acesso ao transporte aéreo de passageiros que necessitam assistência especial.

Resolução n. 37 da ANAC, de 7.8.2008 — que dispõe sobre a atualização dos limites de indenização previstos no Código Brasileiro de Aeronáutica.

Resolução n. 141 da ANAC, de 9.3.2010 — dispondo sobre as condições gerais de transporte aplicáveis aos atrasos e cancelamentos de vôos e às hipóteses de preterização de passageiros.

Resolução do Banco Central n. 1.969, de 30.9.1992 — estabelece critérios a serem observados nas operações de arrendamento mercantil externo (*leasing*).

Resolução n. 3.694, do Banco Central do Brasil, de 26.3.2009 — dispõe sobre a prevenção de riscos na contratação de operações e na prestação de serviços por parte de instituições financeiras e demais instituições autorizadas a funcionar pelo Banco Central do Brasil.

Resolução n. 45, do CADE, de 28.3.2007 — aprova o seu Regimento Interno.

Resolução n. 543, de 17.5.1973 — com Carta de Proteção ao Consumidor, aprovada pela Assembleia Consultiva do Conselho da Europa.

Resolução n. A/Res/39/248 da ONU, de 10.4.1985 — versando educação do consumidor.

Resoluções ns. 2, 3, 5, 6, 8, 10, 11, 13 e 14 de 3.11.1999 do Conselho de Saúde Suplementar — CONSU, alteradas pela Resolução n. 15, de 23.3.1999; Resolução CONSU 1/2002.

ADPF 130/DF, do STF — declarou como não recepcionado pela Constituição Federal/1988 todo o conjunto de dispositivos da Lei n. 5.250/1967.

Circular n. 2.065, do Banco Central — altera para 5 dias úteis o prazo máximo para exclusão do nome do correntista do cadastro de emitentes de cheques sem fundos.

Circular n. 3.432, de 3.3.2009, do Banco Central do Brasil — sobre consórcios.

Circular n. 380, de 29.12.2008, da Superintendência de Seguros Privados — SUSEP — sobre os controles internos específicos para prevenção e combate dos crimes de "lavagem" ou ocultação de bens, direitos e valores, ou que com eles possam relacionar-se; o acompanhamento das operações realizadas e as propostas de operações com pessoas politicamente expostas, bem como a prevenção e coação do financiamento ao terrorismo.

CONAR — Código Brasileiro de Autorregulamentação Publicitária.

LEI N. 8.078, DE 11 DE SETEMBRO DE 1990

Dispõe sobre a proteção do consumidor e dá outras providências.

O Presidente da República, faço saber que o Congresso Nacional decreta e eu sanciono a seguinte lei:

TÍTULO I
DOS DIREITOS DO CONSUMIDOR

Capítulo I
Disposições Gerais

Art. 1º O presente código estabelece normas de proteção e defesa do consumidor, de ordem pública e interesse social, nos termos dos art. 5º, inciso XXXII, 170, inciso V, da Constituição Federal e art. 48 de suas Disposições Transitórias.

Normas Correlatas:

Constituição Federal: art. 5º, XXXII – o Estado, na forma da lei, promoverá a defesa do consumidor; art. 24, VIII – legislação concorrente da União, Estados e Distrito Federal sobre danos ao consumidor; art. 129, III – sobre atribuições do Ministério Público; art. 170, V – um dos princípios da ordem econômica, fundada na valorização do trabalho humano, é a defesa do consumidor.

Ato das Disposições Constitucionais Transitórias: art. 48 – prazo para elaboração do Código de Defesa do Consumidor.

Código Civil: arts. 421 a 537 – dos contratos.

Leis:

Lei Delegada n. 4, 26.9.1962 — autoriza intervenção da União no domínio econômico para assegurar livre distribuição de produtos necessários ao consumo do povo.

Lei n. 1.521, de 26.12.1951 — Lei de Economia Popular.

Lei n. 8.137, de 27.12.1990 — definindo crimes contra as relações de consumo.

Lei n. 8.884, de 11.6.1994 — dispõe sobre a prevenção e a repressão às infrações contra a ordem econômica, complementada pela Lei n. 9.021 de 30.3.1995.

Lei n. 9.008, de 21.3.1995 — criando, no Ministério da Justiça, o Conselho Federal Gestor do Fundo de Defesa de Direitos Difusos (CFDD).

Lei n. 9.294, de 15 de julho de 1996 — proíbe o uso de cigarros, cigarrilhas, charutos, cachimbos, ou de qualquer outro produto fumígeno derivado do tabaco, em recinto coletivo, privado ou público, tais como, repartições públicas, hospitais, salas de aula, bibliotecas, ambientes de trabalho, teatros e cinemas, exceto em fumódromos e trata da propaganda comercial desses produtos.

Lei n. 9.791, de 24.3.1999 — sobre a obrigatoriedade de as concessionárias de serviços públicos estabelecerem ao consumidor e ao usuário datas opcionais para o vencimento de seus débitos.

Lei n. 10.504, de 8.7.2002 — cria o Dia Nacional do Consumidor.

Lei n. 10.741, de 1º.10.2003 — Estatuto do Idoso.

Lei n. 13.541, de 7.5.09, do Estado de São Paulo, regulamentada pelo Decreto Estadual n. 54.311, de 7.5.09 — proíbe o consumo de cigarros, cigarrilhas, charutos, cachimbos ou de qualquer outro produto fumígeno, derivado ou não do tabaco, em ambientes de uso coletivo, total ou parcialmente fechados. *(Nota do Autor: esta lei estadual é mais rigorosa do que a lei federal, pois não permite os "fumódromos" dentro dos locais públicos ou privados)*

Lei n. 12.291, de 20.7.10 — torna obrigatória a manutenção de exemplar do Código de Defesa do Consumidor nos estabelecimentos comerciais e de prestação de serviços.

Decretos:

Decreto Legislativo n. 30, de 15.12.1994 — aprovando Acordo sobre Salvaguardas, constante do Acordo Geral sobre Tarifas Aduaneiras (GATT). Seu Regulamento está no Decreto n. 1.488, de 11.5.1995.

Decreto n. 2.018, de 1º.10.1996 — regulamenta a Lei n. 9.294/1996, definindo os conceitos de recinto coletivo e área devidamente isolada e destinada exclusivamente ao tabagismo e dispondo sobre a propaganda e embalagem desses produtos.

Decreto n. 2.181, de 20.3.1997 — organizando o Sistema Nacional de Defesa do Consumidor.

Outros Diplomas:

Diretiva da Comunidade Econômica Europeia, de 25.7.1985.

MERCOSUL, Tratado de Assunção, de 26.3.1991 — promulgado pelo Decreto n. 350, de 21.11.1991.

Resolução de 14.4.1975, do Conselho da Comunidade Econômica Europeia — com programa de proteção e informação dos consumidores.

Resolução n. 543, de 17.5.1973 — com Carta de Proteção ao Consumidor, aprovada pela Assembleia Consultiva do Conselho da Europa.

Portaria Interministerial n. 477, dos Ministérios da Saúde, Justiça e Comunicações, de 24.3.1995 – sobre o teor das advertências sobre os males causados pelo consumo do tabaco.

Resolução n. 45, do CADE, de 28.3.2007 — aprova o seu Regimento Interno.

Art. 2º **Consumidor é toda pessoa física ou jurídica que adquire ou utiliza produto ou serviço como destinatário final.**

Parágrafo único. Equipara-se a consumidor a coletividade de pessoas, ainda que indetermináveis, que haja intervindo nas relações de consumo.

Normas Correlatas:

Código de Defesa do Consumidor: art. 29 — equiparam-se a consumidores grupos de pessoas determináveis ou não.

Código Civil: arts. 2º, 3º, 4º e 9º — sobre pessoas físicas.

Art. 3º **Fornecedor é toda pessoa física ou jurídica, pública ou privada, nacional ou estrangeira, bem como os entes despersonalizados, que desenvolvem atividade de produção, montagem, criação, construção, transformação, importação, exportação, distribuição ou comercialização de produtos ou prestação de serviços.**

§ 1º Produto é qualquer bem, móvel ou imóvel, material ou imaterial.

§ 2º Serviço é qualquer atividade fornecida no mercado de consumo, mediante remuneração, inclusive as de natureza bancária, financeira, de crédito e securitária, salvo as decorrentes das relações de caráter trabalhista.

Normas Correlatas:

Constituição Federal: art. 37, XIX – somente por lei específica poderá ser criada autarquia e autorizada a instituição de empresa pública, de sociedade de economia mista e de fundação; art. 173, § 1º – a lei estabelecerá o estatuto jurídico da empresa pública, da sociedade de economia mista e de suas subsidiárias que explorem atividade econômica de produção ou comercialização de bens ou de prestação de serviços (redação dada pela EC n. 19, de 4.6.1998); art. 175, parágrafo único – a lei disporá sobre o regime das empresas concessionárias ou permissionárias de serviços públicos.

Código de Defesa do Consumidor: art. 7º, parágrafo único – solidariedade entre aqueles que lesarem o consumidor; art. 18, *caput* – respondem solidariamente pelos vícios de qualidade ou quantidade os fornecedores de produtos de consumo duráveis ou não duráveis; art. 19, *caput* – solidariedade entre os fornecedores por vícios de quantidade do produto, mas respeitadas variações que menciona; art. 25, § 2º – sobre fornecedor que utiliza peças de terceiros; art. 25 e parágrafos – solidariedade entre fabricante, construtor ou importador e quem fez a incorporação, no produto, peça ou componente; art. 28, § 3º – solidariedade entre empresas consorciadas; art. 34 – solidariedade do fornecedor com seus prepostos.

Código Civil: arts. 40 a 52 – das pessoas jurídicas de direito público e privado; desconsideração da personalidade jurídica; arts. 53 a 61 – das associações; arts. 62 a 69 – das fundações; arts. 79 a 81 – sobre bens imóveis; arts. 82 a 84 – sobre bens móveis; arts. 593 a 609 – da prestação de serviços; art. 932 – sobre a responsabilidade pela reparação civil; art. 1.052 a 1.059 – da sociedade limitada por quotas.

Leis:

Lei Complementar n. 123, de 14.12.2006 — que institui o Estatuto Nacional da Microempresa.

Lei n. 2.180, de 5.2.1954 — sobre o Tribunal Marítimo; art. 13 (compete a esse tribunal julgar os acidentes e fatos da navegação).

Lei n. 3.099, de 24.2.1957 — regulamentada pelo Decreto n. 50.532, de 3.5.1961, sobre empresas que prestam serviços de informações.

Lei n. 4.504, de 30.11.1964 (Estatuto da Terra) — define o produtor rural que é também fornecedor nos termos do Código de Defesa do Consumidor.

Lei n. 4.595, de 31.12.1964 — regula as atividades bancárias e creditícias.

Lei n. 6.015, de 31.12.1973 — Lei dos Registros Públicos: o art. 28 estabelece que os oficiais são civilmente responsáveis por todos os prejuízos que pessoalmente (ou por seus prepostos) causarem, por culpa ou dolo, aos interessados no registro.

Lei n. 6.404, de 15.12.1976 — dispondo sobre as sociedades por ações.

Lei n. 7.102, de 20.6.1983 — regulamentada pelo Decreto 89.056, de 24.11.1983, dispõe sobre segurança para estabelecimentos financeiros oferecida por empresas que explorem serviços de vigilância e de transporte de valores.

Lei n. 7.565, de 19.12.1986 — aprovando Código Brasileiro de Aeronáutica; arts. 256 a 259 — responsabilidade por dano a passageiro; arts. 260 e 261 — responsabilidade por dano a bagagem.

Lei n. 7.802, de 11.7.1989 — dispondo sobre produção e comercialização de agrotóxicos.

Lei n. 8.630, de 25.2.1993 — sobre o regime jurídico de exploração dos portos nacionais; art. 11 – o operador portuário responde perante o proprietário ou consignatário da mercadoria, pelas perdas e danos que ocorrerem durante as operações.

Lei n. 8.935, de 16.11.1994 — dispondo sobre serviços notariais e de registro (Lei do Cartório).

Lei n. 8.987, de 13.2.1995 — dispondo sobre regime de concessão e permissão da prestação de serviços públicos; art. 6º – prestação de serviço adequado ao usuário; art. 7º – direitos do usuário ou do consumidor; art. 9º – tarifação dos serviços; art. 31 – encargos da concessionária.

Lei n. 9.074, de 7.7.1995 — indicando serviços sujeitos ao regime de concessão ou permissão.

Lei n. 9.432, de 8.1.1997, regulamentada pelo Decreto n. 2.256, de 17.6.1997 — dispondo sobre a ordenação do transporte aquaviário.

Lei n. 9.537, de 11.12.1997 — segurança do tráfego aquaviário: art. 3º – competência da autoridade marítima para determinar providências que salvaguardem vida humana no transporte aquaviário.

Lei n. 9.611, de 19.2.1998 — sobre transporte muiltimodal de cargas: art. 8º – sobre o contrato de transporte; art. 11 – responsabilidade do Operador de Transporte Multimodal.

Lei n. 9.656, de 3.6.1998 (com alterações dadas pela MP n. 2.177-44, de 2001) – dispondo sobre planos e seguros privados de assistência à saúde.

Lei n. 12.007, de 29.7.2009 — dispõe sobre a emissão de declaração de quitação anual de débitos pelas pessoas jurídicas prestadoras de serviços públicos ou privados.

Decretos:

Decreto legislativo n. 2.681, de 7.12.1912, regulando a responsabilidade civil das estradas de ferro: art. 1º – presunção da culpa da ferrovia, admitindo-se prova em contrário; art. 2º – concorrência de culpa; art. 4º –presunção de perda total da bagagem 30 dias depois do prazo marcado para entrega da mercadoria; arts. 5º e 6º – declaração do valor da mercadoria; art. 11 – perda ou avaria de bagagem; art. 17 e 20 – responsabilidade por danos sofridos pelos viajantes; art. 22 – indenização devida aos dependentes do passageiro que perece em desastre ferroviário; art. 24 – responsabilidade por danos resultantes de atrasos dos trens.

Decreto n. 1.102, de 21.11.1903 — regras para estabelecimento de armazéns gerais, modificado pela Lei Delegada n. 4 de 26.9.1962.

Decreto n. 1.832, de 4.3.1996 — aprovando Regulamento dos Transportes Ferroviários: arts. 17 a 20 – sobre transporte de carga, preço dos serviços e contrato de transporte; arts. 34 a 49 – transporte de passageiros; arts. 50 a 53 – transporte de bagagens.

Decreto n. 646, de 9.9.1992 – dispondo sobre a forma de investidura nas funções de despachante aduaneiro.

Decreto n. 2.596, de 18.5.1998 — aprovando Regulamento do Tráfego Aquaviário.

Decreto n. 92.319, de 23.1.1986 — dispondo sobre empresas estrangeiras que explorem o transporte aéreo no território nacional.

Decreto-lei n. 116, de 25.1.1967 — regulamentado pelo n. 64.387, de 22.4.1969, dispondo sobre transporte de mercadorias por via d'água nos portos brasileiros.

Decreto-lei n. 200, de 25.2.1967; art. 4º – estabelece o que é administração direta; art. 5º – definição de autarquia, empresa pública e sociedade de economia mista.

Decreto-lei n. 406, de 31.12.1968, com lista de serviços tributáveis.

Decreto-lei n. 7.583, de 25.5.1945 (Decreto-lei n. 8.495, de 28.12.1945, Decreto-lei n. 1.477/1976 e Lei n. 8.135/1990) — sobre sociedades de crédito, financiamento e de investimento.

Decreto-lei n. 73, de 21.11.1966 — sobre Sistema Nacional de Seguros Privados. Empresa seguradora é fornecedora de serviços.

Outros Diplomas:

Prestadores autônomos de serviços: a) advogados – Lei n. 8.906, de 4.7.1994; b) contabilista – Decreto-lei n. 9.295, de 27.5.1964; c) engenheiro – Lei n. 5.194, de 24.12.1966; d) médico – Lei n. 3.268, de 30.9.1957; e) dentista – Lei n. 4.324, de 14.4.1964; f) químico – Lei n. 2.800, de 18.6.1956; g) agente autônomo de investimento – Resolução n. 238 do Banco Central do Brasil; h) corretor de seguros – Lei n. 4.594/1954; Decreto-lei n.73/1966; h) representante comercial – Lei n. 4.886, de 9.12.1965 e outros; i) agrimensor – Lei n. 3.144, de 20.5.1957;

j) auditores independentes – Resolução CVM n. 204, de 7.12.1983; k) despachante aduaneiro – Decreto-lei n. 366 de 19.12.1968 e outros.

Resolução n. 141 da ANAC, de 9.3.2010 — dispondo sobre as condições gerais de transporte aplicáveis aos atrasos e cancelamentos de voos e às hipóteses de preterização de passageiros.

Resolução n. 37 da ANAC, de 7.8.2008 — que dispõe sobre a atualização dos limites de indenização previstos no Código Brasileiro de Aeronáutica.

Resolução n. 9 da ANAC, de 5.6.2007 — aprova a Norma Operacional de Aviação Cível — NOAC — que dispõe sobre o acesso ao transporte aéreo de passageiros que necessitam assistência especial.

Resoluções 2, 3, 5, 6, 8, 10, 11, 13 e 14 de 3.11.1999 do Conselho de Saúde Suplementar — CONSU, alteradas pela Resolução n. 15, de 23.3.1999; Resolução CONSU 1/2002.

V. no artigo anterior remissões ao Código Civil sobre pessoas físicas, jurídicas e fundações.

Capítulo II
Da Política Nacional de Relações de Consumo

Art. 4º A Política Nacional das Relações de Consumo tem por objetivo o atendimento das necessidades dos consumidores, o respeito à sua dignidade, saúde e segurança, a proteção de seus interesses econômicos, a melhoria da sua qualidade de vida, bem como a transparência e harmonia das relações de consumo, atendidos os seguintes princípios: *(Redação dada pela Lei n. 9.008, de 21.3.1995)*

I – reconhecimento da vulnerabilidade do consumidor no mercado de consumo;

II – ação governamental no sentido de proteger efetivamente o consumidor:

a) por iniciativa direta;

b) por incentivos à criação e desenvolvimento de associações representativas;

c) pela presença do Estado no mercado de consumo;

d) pela garantia dos produtos e serviços com padrões adequados de qualidade, segurança, durabilidade e desempenho.

III – harmonização dos interesses dos participantes das relações de consumo e compatibilização da proteção do consumidor com a necessidade de desenvolvimento econômico e tecnológico, de modo a viabilizar os princípios nos quais se funda a ordem econômica (art. 170, da Constituição Federal), sempre com base na boa-fé e equilíbrio nas relações entre consumidores e fornecedores;

IV – educação e informação de fornecedores e consumidores, quanto aos seus direitos e deveres, com vistas à melhoria do mercado de consumo;

V – incentivo à criação pelos fornecedores de meios eficientes de controle de qualidade e segurança de produtos e serviços, assim como de mecanismos alternativos de solução de conflitos de consumo;

VI – coibição e repressão eficientes de todos os abusos praticados no mercado de consumo, inclusive a concorrência desleal e utilização indevida de inventos e criações industriais das marcas e nomes comerciais e signos distintivos, que possam causar prejuízos aos consumidores;

VII – racionalização e melhoria dos serviços públicos;

VIII – estudo constante das modificações do mercado de consumo.

Normas Correlatas:

Constituição Federal: art. 170 — estabelece o direito do consumidor com um dos princípios da ordem econômica.

Código de Defesa do Consumidor: art. 107 — autoriza entidades civis de consumidores e associações de fornecedores ou sindicatos de categoria econômica, regular, por convenção escrita, relações de consumo e composição de eventuais conflitos.

Código Civil: art. 422 — princípios de probidade e boa-fé nos contratos.

Leis:

Lei n. 9.279, de 14.5.1996 — dispondo sobre propriedade industrial e concorrência desleal.

Lei n. 9.307, de 23.9.1996 — dispondo sobre arbitragem.

Lei n. 9.791, de 24.3.1999 — sobre a obrigatoriedade de as concessionárias de serviços públicos estabelecerem ao consumidor e ao usuário datas opcionais para o vencimento de seus débitos.

Lei n. 10.603, de 17.12.2002 — regula a proteção, contra o uso comercial desleal, de informações relativas aos resultados de testes ou outros dados não divulgados apresentados às autoridades competentes como condição para aprovar ou manter o registro para a comercialização de produtos farmacêuticos de uso veterinário, fertilizantes, agrotóxicos seus componentes e afins.

Decreto n. 6.523, de 31.7.2008 — fixa normas gerais sobre o Serviço de Atendimento ao Consumidor – SAC por telefone, no âmbito dos fornecedores de serviços regulados pelo Poder Público Federal, com vistas à observância dos direitos básicos do consumidor de obter informação adequada e clara sobre os serviços que contratar e de manter-se protegido contra práticas abusivas ou ilegais impostas no fornecimento desses serviços.

Outros Diplomas:

Portaria n. 81, de 23.1.2002 — estabelece regra para a informação aos consumidores sobre mudança de quantidade de produto comercializado na embalagem.

Portaria n. 2.014, do Ministério da Justiça, de 13.10.2008 — estabelece o tempo máximo para o contato direto com o atendente e o horário de funcionamento no Serviço de Atendimento ao Consumidor – SAC.

Art. 5º Para a execução da Política Nacional das Relações de Consumo, contará o poder público com os seguintes instrumentos, entre outros:

I – manutenção de assistência jurídica, integral e gratuita para o consumidor carente;

II – instituição de Promotorias de Justiça de Defesa do Consumidor, no âmbito do Ministério Público;

III – criação de delegacias de polícia especializadas no atendimento de consumidores vítimas de infrações penais de consumo;

IV – criação de Juizados Especiais de Pequenas Causas e Varas Especializadas para a solução de litígios de consumo;

V – concessão de estímulos à criação e desenvolvimento das Associações de Defesa do Consumidor.

§ 1º (Vetado).

§ 2º (Vetado).

Leis:

Lei Complementar n. 80, de 12.1.1994 — organiza a Defensoria Pública da União, do Distrito Federal e Territórios.

Lei n. 1.060, de 5.2.1950 — regula a assistência judiciária e a maneira de solicitá-la.

Lei n. 9.099, de 26.9.1995 — dispõe sobre Juizados Especiais Cíveis e Criminais.

Capítulo III
Dos Direitos Básicos do Consumidor

Art. 6º São direitos básicos do consumidor:

I – a proteção da vida, saúde e segurança contra os riscos provocados por práticas no fornecimento de produtos e serviços considerados perigosos ou nocivos;

II – a educação e divulgação sobre o consumo adequado dos produtos e serviços, asseguradas a liberdade de escolha e a igualdade nas contratações;

III – a informação adequada e clara sobre os diferentes produtos e serviços, com especificação correta de quantidade, características, composição, qualidade e preço, bem como sobre os riscos que apresentem;

IV – a proteção contra a publicidade enganosa e abusiva, métodos comerciais coercitivos ou desleais, bem como contra práticas e cláusulas abusivas ou impostas no fornecimento de produtos e serviços;

V – a modificação das cláusulas contratuais que estabeleçam prestações desproporcionais ou sua revisão em razão de fatos supervenientes que as tornem excessivamente onerosas;

VI – a efetiva prevenção e reparação de danos patrimoniais e morais, individuais, coletivos e difusos;

VII – o acesso aos órgãos judiciários e administrativos com vistas à prevenção ou reparação de danos patrimoniais e morais, individuais, coletivos ou difusos, assegurada a proteção jurídica, administrativa e técnica aos necessitados;

VIII – a facilitação da defesa de seus direitos, inclusive com a inversão do ônus da prova, a seu favor, no processo civil, quando, a critério do juiz, for verossímil a alegação ou quando for ele hipossuficiente, segundo as regras ordinárias de experiências;

IX – (Vetado);

X – a adequada e eficaz prestação dos serviços públicos em geral.

Normas Correlatas:

Constituição Federal: art. 5º, V — assegurando o direito de resposta proporcional ao agravo e inciso LXXVII definindo a gratuidade das ações de *habeas corpus* e *habeas data*, e os atos necessários ao exercício da cidadania; art. 5º, XXXII – sobre encargo do Estado de promover defesa do consumidor.

ADPF 130/DF, do STF, declarou como não recepcionado pela Constituição Federal/1988 todo o conjunto de dispositivos da Lei n. 5.250/1967.

Código de Defesa do Consumidor: v. remissão a textos legais nos arts. 61 e 81; art. 12 – obrigação de o fornecedor ressarcir dano causado ao consumidor; art. 37, §§ 1º, 2º e 3º – sobre publicidade enganosa ou abusiva; art. 51 – cláusulas contratuais abusivas; art. 55, § 4º – autorizando órgãos oficiais a exigir dos fornecedores informações de interesse dos consumidores; art. 57, *caput* – graduação da multa aos infratores do Código de Defesa do Consumidor; art. 83 – ações judiciais para defesa dos interesses do consumidor; art. 93 – competência da Justiça Estadual, com ressalva dos casos confiados à Justiça Federal; art. 100 – liquidação e execução da indenização devida ao consumidor.

Código Civil: art. 157 – sobre instituto da lesão; art. 186 – indenização, inclusive do dano moral; art. 187 – também comete ato ilícito o titular de um direito que, ao exercê-lo, excede manifestamente os limites impostos pelo seu fim econômico ou social, pela boa-fé ou pelos bons costumes; art. 421 — função social do contrato; art. 722 – contrato de corretagem; art. 927 a 943 – da obrigação de indenizar; art. 944 a 954 – da indenização.

Código de Processo Civil: art. 333 — o ônus da prova é do autor quanto ao fato constitutivo do seu direito.

Leis:

Lei n. 4.680, de 18.6.1965, regulamentada pelo Decreto n. 57.690, de 1.2.1966 — regulando a profissão de publicitário.

Lei n. 5.250, de 9.2.1967 — Lei de Imprensa.

Lei n. 7.347, de 24.7.1985 — ação civil pública de responsabilidade por danos causados ao consumidor, dentre outros: art. 14 — faculdade do Juiz de conferir efeito suspensivo a recurso para evitar dano irreparável à parte.

Lei n. 9.656, de 3.6.1998 (com alterações dadas pela MP n. 2.177-44, de 2001) — dispondo sobre planos e seguros privados de assistência à saúde.

Lei n. 9.791, de 24 de março de 1999 — dispõe sobre a obrigatoriedade de as concessionárias de serviços públicos estabelecerem ao consumidor e ao usuário datas opcionais para o vencimento de seus débitos.

Lei n. 10.962, de 11.10.2004 — dispõe sobre a oferta e as formas de afixação de preços de produtos e serviços para o consumidor.

Lei n. 12.007, de 29.7.2009 — dispõe sobre a emissão de declaração de quitação anual de débitos pelas pessoas jurídicas prestadoras de serviços públicos ou privados.

Lei n. 10.499, do Estado de São Paulo, de 5.1.2000 — dispõe sobre as formas de afixação de preços de produtos e serviços, para conhecimento pelo consumidor.

Decretos:

Decreto n. 4.680, de 24.4.2003 — regulamenta o direito à informação quanto aos alimentos e ingredientes alimentares destinados ao consumo humano ou animal que contenham ou sejam produzidos a partir de organismos geneticamente modificados.

Decreto n. 5.903, de 20.9.2006 — regulamenta a Lei n. 10.962, que trata sobre a oferta e as formas de afixação de preços de produtos e serviços para o consumidor.

Decreto n. 6.932, de 11.8.2009 — dispõe sobre a simplificação do atendimento público prestado ao cidadão, ratifica a dispensa do reconhecimento de firma em documentos produzidos no Brasil, institui a "Carta de Serviços ao Cidadão" e dá outras providências.

Outros Diplomas:

Medida Provisória n. 2.172-32, de 23.8.2001 — declarando a nulidade de estipulações usurárias, notadamente aquelas atinentes à fixação de juros superiores aos limites legais.

Portaria n. 81, de 23.1.2002 — estabelece regra para a informação aos consumidores sobre mudança de quantidade de produto comercializado na embalagem.

Resolução n. A/Res/39/248 da ONU, de 10.4.1985 — versando educação do consumidor.

Art. 7º Os direitos previstos neste código não excluem outros decorrentes de tratados ou convenções internacionais de que o Brasil seja signatário, da legislação interna ordinária, de regulamentos expedidos pelas autoridades administrativas competentes, bem como dos que derivem dos princípios gerais do direito, analogia, costumes e equidade.

Parágrafo único. Tendo mais de um autor a ofensa, todos responderão solidariamente pela reparação dos danos previstos nas normas de consumo.

Normas Correlatas:

Constituição Federal: arts. 5º, § 2º — outros direitos decorrentes de tratados internacionais; art. 84, VIII – é atribuição exclusiva do Presidente da República celebrar tratados, convenções e atos internacionais, sujeitos a referendo do Congresso Nacional.

Lei de Introdução ao Código Civil: art. 4º – quando a lei for omissa, o juiz decidirá o caso de acordo com a analogia, os costumes e os princípios gerais do direito.

Código de Processo Civil: art. 126 – o juiz não se exime de sentenciar ou despachar alegando lacuna ou obscuridade da lei. No julgamento da lide, caber-lhe-á aplicar as normas legais; art. 275 – o credor tem direito a exigir e receber de um ou de alguns dos devedores, parcial ou totalmente, a dívida comum; se o pagamento tiver sido parcial, todos os demais devedores continuam obrigados solidariamente pelo resto; art. 285 – se a dívida solidária interessar exclusivamente a um dos devedores, responderá este por toda ela para com aquele que pagar.

Decreto n. 2.521, de 20.3.1998 — dispõe sobre a exploração, mediante permissão e autorização, de serviços de transporte rodoviário interestadual e internacional de passageiros.

Outros Diplomas:

Resolução n. 3.694, do Banco Central do Brasil, de 26.3.2009 — dispõe sobre a prevenção de riscos na contratação de operações e na prestação de serviços por parte de instituições financeiras e demais instituições autorizadas a funcionar pelo Banco Central do Brasil.

Capítulo IV
Da Qualidade de Produtos e Serviços, da Prevenção e da Reparação dos Danos

Seção I
Da Proteção à Saúde e Segurança

Art. 8º Os produtos e serviços colocados no mercado de consumo não acarretarão riscos à saúde ou segurança dos consumidores, exceto os considerados normais e previsíveis em decorrência de sua natureza e fruição, obrigando-se os fornecedores, em qualquer hipótese, a dar as informações necessárias e adequadas a seu respeito.

Parágrafo único. Em se tratando de produto industrial, ao fabricante cabe prestar as informações a que se refere este artigo, através de impressos apropriados que devam acompanhar o produto.

Normas Correlatas:

Código de Defesa do Consumidor: art. 30 – toda informação ou publicidade, suficientemente precisa, veiculada por qualquer forma ou meio de comunicação, com relação a produtos e serviços, obriga o fornecedor; art. 31 – a oferta e apresentação de produtos ou serviços devem ser acompanhadas de informações precisas, corretas, claras, ostensivas e em língua portuguesa; art. 36 – a publicidade deve ser veiculada de tal forma que o consumidor, fácil e imediatamente, a identifique como tal. Parágrafo único. O fornecedor, na publicidade de seus produtos ou serviços, manterá, em seu poder, para informação dos legítimos interessados, os dados fáticos, técnicos e científicos que dão sustentação à mensagem; arts. 61 a 80 — das penalidades.

Leis:

Lei n. 5.966, de 11.12.1973 — cria o Sistema Nacional de Metrologia, Normalização e Qualidade Industrial, o CONMETRO e o INMETRO.

Lei n. 6.024, de 13.3.1974 — dispondo sobre intervenção e liquidação extrajudicial de instituições financeiras.

Lei n. 6.360, de 23.9.1976 — sobre vigilância sanitária a que ficam sujeitos os medicamentos, drogas e insumos farmacêuticos.

Lei n. 6.437, de 20.8.1977 — sobre infrações à legislação sanitária federal.

Lei n. 6.463, de 9.11.1977 — tornando obrigatória a declaração do preço de venda à vista nas vendas a prestações.

Lei n. 8.137, de 27.12.1990 — define crimes contra a ordem tributária, econômica e relações de consumo.

Lei n. 8.918, de 14.7.1994 — regulamentada pelo Decreto n. 6.871, de 4.6.2009, dispondo sobre a padronização, a classificação, a inspeção e o registro de bebidas.

Lei n. 9.965, de 27.4.2000 — restringe a venda de esteroides ou peptídeos anabolizantes.

Lei n. 11.291, de 26.4.2006 — dispõe sobre a inclusão nos locais indicados de aviso alertando sobre os malefícios resultantes do uso de equipamentos de som em potência superior a 85 (oitenta e cinco) decibéis.

Decretos:

Decreto-lei n. 986, de 21.10.1969 — que institui normas básicas sobre alimentos.

Outros Diplomas:

Portaria n. 193, de 27.12.1996, do INMETRO — com normas de identificação de dispositivos elétricos.

Norma Regulamentadora NR-6, da Portaria n. 3.214, do Ministério do Trabalho e Emprego, de 8.6.1978 — dispõe sobre os Equipamentos de Proteção Individual — EPI — destinado à proteção de riscos suscetíveis de ameaçar a segurança e a saúde no trabalho.

Art. 9º

O fornecedor de produtos e serviços potencialmente nocivos ou perigosos à saúde ou segurança deverá informar, de maneira ostensiva e adequada, a respeito da sua nocividade ou periculosidade, sem prejuízo da adoção de outras medidas cabíveis em cada caso concreto.

Normas Correlatas:

Código de Defesa do Consumidor: art. 10 – produto com alto grau de periculosidade ou de nocividade; arts. 61 a 80 – das penalidades.

Leis:

Lei n. 9.279, de 14.5.1996 (Código de Propriedade Industrial) — contém dispositivos especiais sobre proteção de fórmulas químicas ou farmacêuticas.

Lei n. 9.294, de 15.9.1996 — sobre propaganda comercial de cigarros, cigarrilhas, charutos, cachimbos, ou de qualquer outro produto fumígeno derivado do tabaco.

Lei n. 13.541, de 7.5.09, do Estado de São Paulo, regulamentada pelo Decreto Estadual n. 54.311, de 7.5.09 — proíbe o consumo de cigarros, cigarrilhas, charutos, cachimbos ou de qualquer outro produto fumígeno, derivado ou não do tabaco, em ambientes de uso coletivo, total ou parcialmente fechados. *(Nota do Autor: esta lei estadual é mais rigorosa do que a lei federal, pois não permite os "fumódromos" dentro dos locais públicos ou privados)*

Decretos:

Decreto n. 1.263, de 10.10.1994 — ratifica adesão aos arts. 1º a 12 e 28, I, da Revisão de Estocolmo da Convenção de Paris para Proteção da Propriedade Industrial, de 20.3.1883.

Decreto n. 2.018, de 1º.10.1996 — regulamenta a Lei n. 9.294/1996, sobre a propaganda e embalagem de produtos de tabaco, de bebidas, de medicamentos e terapias, e de defensivos agrícolas.

Outros Diplomas:

Portaria Interministerial n. 477, dos Ministérios da Saúde, Justiça e Comunicações, de 24.3.1995 — sobre o teor das advertências sobre os males causados pelo consumo do tabaco.

Portaria n. 789, do Ministério da Justiça, de 24.8.2001 — dispõe sobre a periculosidade de produtos e serviços já introduzidos no mercado de consumo e regulamenta o chamamento dos consumidores, conhecido como *recall*.

Art. 10

O fornecedor não poderá colocar no mercado de consumo produto ou serviço que sabe ou deveria saber apresentar alto grau de nocividade ou periculosidade à saúde ou segurança.

§ 1º O fornecedor de produtos e serviços que, posteriormente à sua introdução no mercado de consumo, tiver conhecimento da periculosidade que apresentem, deverá comunicar o fato imediatamente às autoridades competentes e aos consumidores, mediante anúncios publicitários.

§ 2º Os anúncios publicitários a que se refere o parágrafo anterior serão veiculados na imprensa, rádio e televisão, às expensas do fornecedor do produto ou serviço.

§ 3º Sempre que tiverem conhecimento de periculosidade de produtos ou serviços à saúde ou segurança dos consumidores, a União, os Estados, o Distrito Federal e os Municípios deverão informá-los a respeito.

Normas Correlatas:

Código de Defesa do Consumidor: arts. 61 a 80 — relacionam crimes contra as relações de consumo.

Código Penal: art. 278 — pune quem fabricar, vender, expor à venda, ter em depósito para vender ou, de qualquer forma, entregar a consumo coisa ou substância nociva à saúde, ainda que não destinada à alimentação ou a um fim medicinal.

Portaria n. 789, do Ministério da Justiça, de 24.8.2001 — dispõe sobre a periculosidade de produtos e serviços já introduzidos no mercado de consumo e regulamenta o chamamento dos consumidores, conhecido como *recall*.

Art. 11 (Vetado).

Seção II
Da Responsabilidade pelo Fato do Produto e do Serviço

Art. 12 O fabricante, o produtor, o construtor, nacional ou estrangeiro, e o importador respondem, independentemente da existência de culpa, pela reparação dos danos causados aos consumidores por defeitos decorrentes de projeto, fabricação, construção, montagem, fórmulas, manipulação, apresentação ou acondicionamento de seus produtos, bem como por informações insuficientes ou inadequadas sobre sua utilização e riscos.

§ 1º O produto é defeituoso quando não oferece a segurança que dele legitimamente se espera, levando-se em consideração as circunstâncias relevantes, entre as quais:

I – sua apresentação;

II – o uso e os riscos que razoavelmente dele se esperam;

III – a época em que foi colocado em circulação.

§ 2º O produto não é considerado defeituoso pelo fato de outro de melhor qualidade ter sido colocado no mercado.

§ 3º O fabricante, o construtor, o produtor ou importador só não será responsabilizado quando provar:

I – que não colocou o produto no mercado;

II – que, embora haja colocado o produto no mercado, o defeito inexiste;

III – a culpa exclusiva do consumidor ou de terceiro.

Normas Correlatas:

Constituição Federal: art. 37, § 6º – as pessoas jurídicas de direito público e as de direito privado prestadoras de serviços públicos responderão pelos danos que seus agentes, nessa qualidade, causarem a terceiros, assegurado o direito de regresso contra o responsável nos casos de dolo ou culpa.

Código de Defesa do Consumidor: art. 6º – direitos básicos do consumidor; arts. 8º e 9º – obrigação do fornecedor de dar informações precisas sobre eventuais riscos do produto ou do serviço à segurança ou saúde do consumidor; art. 12 – o fornecedor responde por danos devidos à insuficiência ou inadequação sobre a utilização e riscos de produto e serviço; art. 17 – equiparam-se aos consumidores todas as vítimas do evento; art. 25, § 2º – solidariedade passiva do construtor, fabricante ou importador que realizou a incorporação, ao produto ou serviço, de peça ou componente; art. 27 – prescrição quinquenal da pretensão à reparação de danos causados pelo fato do produto ou do serviço; art. 30 – toda informação ou publicidade, suficiente precisa, veiculada por qualquer forma ou meio de comunicação, com relação a produtos e serviços, obriga o fornecedor; art. 31 – a oferta e apresentação de produtos ou serviços devem ser acompanhadas de informações precisas, corretas, claras, ostensivas e em língua portuguesa; arts. 61 a 80 – das penalidades.

Código Civil: art. 186 – caracterização do ato ilícito que provoque dano, inclusive dano moral; art. 187 – também comete ato ilícito o titular de um direito que, ao exercê-lo, excede manifestamente os limites impostos pelo seu fim econômico ou social, pela boa-fé ou pelos bons costumes; art. 393 – abriga princípio da inimputabilidade pelos prejuízos derivados de caso fortuito ou força maior; arts. 610 a 626 – dispondo sobre empreitada e construção civil; arts. 1.331 a 1.358 — que tratam do condomínio edilício.

Leis:

Lei n. 4.591, de 16.12.1964 — sobre edificações em condomínio.

Lei n. 9.782, de 26.1.1999 — cria a Agência Nacional de Vigilância Sanitária — ANVISA, incumbida de regulamentar, controlar e fiscalizar os produtos que envolvam risco à saúde pública, incluindo medicamentos, alimentos, bebidas, cosméticos e produtos de higiene pessoal e perfumes, saneantes domiciliares, hospitalares e coletivos, equipamentos e materiais médico-hospitalares, odontológicos e hemoterápicos e de diagnóstico laboratorial e por imagem, radioisótopos para uso diagnóstico, cigarros, cigarrilhas e charutos.

Art. 13 O comerciante é igualmente responsável, nos termos do artigo anterior, quando:

I – o fabricante, o construtor, o produtor ou o importador não puderem ser identificados;

II – o produto for fornecido sem identificação clara do seu fabricante, produtor, construtor ou importador;

III – não conservar adequadamente os produtos perecíveis.

Parágrafo único. Aquele que efetivar o pagamento ao prejudicado poderá exercer o direito de regresso contra os demais responsáveis, segundo sua participação na causação do evento danoso.

Normas Correlatas:

Código Civil: art. 346 – pagamento com sub-rogação; art. 929 – se a pessoa lesada, ou o dono da coisa, no caso do inciso II do art. 188, não forem culpados do perigo, assistir-lhes-á direito à indenização do prejuízo que sofreram; art. 930 – no caso do inciso II do art. 188, se o perigo ocorrer por culpa de terceiro, contra este terá o autor do dano ação regressiva para haver a importância que tiver ressarcido ao lesado.

Código de Processo Civil: art. 88 – é competente a autoridade judiciária brasileira quando: I – o réu, qualquer que seja a sua nacionalidade, estiver domiciliado no Brasil; II – no Brasil tiver de ser cumprida a obrigação; III – a ação se originar de fato ocorrido ou de ato praticado no Brasil.

Art. 14 O fornecedor de serviços responde, independentemente da existência de culpa, pela reparação dos danos causados aos consumidores por defeitos relativos à prestação dos serviços, bem como por informações insuficientes ou inadequadas sobre sua fruição e riscos.

§ 1º O serviço é defeituoso quando não fornece a segurança que o consumidor dele pode esperar, levando-se em consideração as circunstâncias relevantes, entre as quais:

I – o modo de seu fornecimento;

II – o resultado e os riscos que razoavelmente dele se esperam;

III – a época em que foi fornecido.

§ 2º O serviço não é considerado defeituoso pela adoção de novas técnicas.

§ 3º O fornecedor de serviços só não será responsabilizado quando provar:

I – que, tendo prestado o serviço, o defeito inexiste;

II – a culpa exclusiva do consumidor ou de terceiro.

§ 4º A responsabilidade pessoal dos profissionais liberais será apurada mediante a verificação de culpa.

Normas Correlatas:

Código de Defesa do Consumidor: art. 3º – contém relação de fornecedores (pessoas físicas) de serviços autônomos. Dentre as pessoas jurídicas que prestam serviços, destacamos: hotéis; supermercados (guarda de automóveis em estacionamento próprio); hospitais; armazéns gerais; bancos e outras instituições financeiras; empresas de seguros; oficinas mecânicas; empresas de transportes aéreos, terrestres, fluviais e marítimos; empresas de construção etc.

Código Civil: arts. 944 a 954 – da indenização; art. 951 – indenização devida por aquele que, no exercício de atividade profissional, por negligência, imprudência ou imperícia, causar a morte do paciente, agravar-lhe o mal, causar-lhe lesão, ou inabilitá-lo para o trabalho.

Lei n. 13.747, do Estado de São Paulo, de 7.10.09, regulamentada pelo Decreto Estadual n. 55.015, de 11.11.09 — obriga os fornecedores de bens e serviços localizados no Estado de São Paulo a fixar data e turno para a entrega dos produtos ou realização dos serviços aos consumidores.

Art. 15 (Vetado).

Art. 16 (Vetado).

Art. 17 Para os efeitos desta Seção, equiparam-se aos consumidores todas as vítimas do evento.

Seção III
Da Responsabilidade por Vício do Produto e do Serviço

Art. 18 Os fornecedores de produtos de consumo duráveis ou não duráveis respondem solidariamente pelos vícios de qualidade ou quantidade que os tornem impróprios ou inadequados ao consumo a que se destinam ou lhes diminuam o valor, assim como por aqueles decorrentes da disparidade, com a indicações constantes do recipiente, da embalagem, rotulagem ou mensagem publicitária, respeitadas as variações decorrentes de sua natureza, podendo o consumidor exigir a substituição das partes viciadas.

§ 1º Não sendo o vício sanado no prazo máximo de trinta dias, pode o consumidor exigir, alternativamente e à sua escolha:

I – a substituição do produto por outro da mesma espécie, em perfeitas condições de uso;

II – a restituição imediata da quantia paga, monetariamente atualizada, sem prejuízo de eventuais perdas e danos;

III – o abatimento proporcional do preço.

§ 2º Poderão as partes convencionar a redução ou ampliação do prazo previsto no parágrafo anterior, não podendo ser inferior a sete nem superior a cento e oitenta dias. Nos contratos de adesão, a cláusula de prazo deverá ser convencionada em separado, por meio de manifestação expressa do consumidor.

§ 3º O consumidor poderá fazer uso imediato das alternativas do § 1º deste artigo sempre que, em razão da extensão do vício, a substituição das partes viciadas puder comprometer a qualidade ou características do produto, diminuir-lhe o valor ou se tratar de produto essencial.

§ 4º Tendo o consumidor optado pela alternativa do inciso I do § 1º deste artigo, e não sendo possível a substituição do bem, poderá haver substituição por outro de espécie, marca ou modelo diversos, mediante complementação ou restituição de eventual diferença de preço, sem prejuízo do disposto nos incisos II e III do § 1º deste artigo.

§ 5º No caso de fornecimento de produtos *in natura*, será responsável perante o consumidor o fornecedor imediato, exceto quando identificado claramente seu produtor.

§ 6º São impróprios ao uso e consumo:

I – os produtos cujos prazos de validade estejam vencidos;

II – os produtos deteriorados, alterados, adulterados, avariados, falsificados, corrompidos, fraudados, nocivos à vida ou à saúde, perigosos ou, ainda, aqueles em desacordo com as normas regulamentares de fabricação, distribuição ou apresentação;

III – os produtos que, por qualquer motivo, se revelem inadequados ao fim a que se destinam.

Normas Correlatas:

Código de Defesa do Consumidor: art. 6º — direitos básicos do consumidor; art. 7º, parágrafo único — tendo mais de um autor a ofensa, todos responderão solidariamente pela reparação dos danos previstos nas normas de consumo; art. 13, incisos I, II e III – hipóteses de responsabilidade do comerciante; art. 12 – o fornecedor responde por danos devidos à insuficiência ou inadequação sobre a utilização e riscos de produto e serviço. § 1º – estabelece as condições em que um produto é considerado defeituoso; art. 19 – solidariedade dos fornecedores por vícios de quantidade; arts. 20 a 23 – vícios do produto; art. 25, § 1º – solidariedade dos fornecedores por danos causados pelos produtos; art. 26 – decadência do direito de reclamar e hipóteses impeditivas; art. 27 – prescreve em cinco anos direito de ação do consumidor; art. 28, § 3º – as sociedades consorciadas são solidariamente responsáveis pelas obrigações decorrentes deste Código; art. 34 – solidariedade do fornecedor com seus prepostos; art. 35, I – faculdade de o consumidor exigir cumprimento forçado da obrigação, nos termos da oferta; art. 41 – fornecimento de produtos ou de serviços sujeitos ao regime de controle de preços; art. 49 – autoriza o consumidor a desistir do contrato no prazo de 7 dias; art. 51 – cláusulas contratuais abusivas; art. 54 – contrato de adesão.

Código Civil: arts. 264 a 266 – conceito de solidariedade; ela não se presume: resulta da lei ou da vontade das partes; art. 275 – o credor tem direito a exigir e receber de um ou de alguns dos devedores, parcial ou totalmente, a dívida comum; se o pagamento tiver sido parcial, todos os demais devedores continuam obrigados solidariamente pelo resto; art. 285 – se a dívida solidária interessar exclusivamente a um dos devedores, responderá este por toda ela para com aquele que pagar; art. 442 – em vez de rejeitar a coisa, pode o adquirente reclamar abatimento no preço; art. 927 a 943 – da obrigação de indenizar.

Código de Processo Civil: art. 46 – do litisconsórcio ativo ou passivo.

Leis:

Lei n. 8.072, de 25.7.1990 — art. 1º, VII-b: considera como crime hediondo falsificação, corrupção, adulteração ou alteração de produto destinado a fins terapêuticos ou medicinais. (inciso incuído pela Lei n. 9.695/1998)

Lei n. 9.048, de 18.5.1995 — torna obrigatória a existência de instrumentos de medição de peso nos postos de revenda de gás liquefeito de petróleo para uso doméstico.

Decretos:

Decreto n. 1.501, de 24.5.1995 — dispõe sobre a fiscalização da distribuição, do armazenamento e do comércio de combustíveis, apuração das infrações e penalidades.

Decreto n. 4.680, de 24.4.2003 — regulamenta o direito à informação quanto aos alimentos e ingredientes alimentares destinados ao consumo humano ou animal que contenham ou sejam produzidos a partir de organismos geneticamente modificados.

Portaria n. 81, de 23.1.2002 — estabelece regra para a informação aos consumidores sobre mudança de quantidade de produto comercializado na embalagem.

Art. 19
Os fornecedores respondem solidariamente pelos vícios de quantidade do produto sempre que, respeitadas as variações decorrentes de sua natureza, seu conteúdo líquido for inferior às indicações constantes do recipiente, da embalagem, rotulagem ou de mensagem publicitária, podendo o consumidor exigir, alternativamente e à sua escolha:

I – o abatimento proporcional do preço;

II – complementação do peso ou medida;

III – a substituição do produto por outro da mesma espécie, marca ou modelo, sem os aludidos vícios;

IV – a restituição imediata da quantia paga, monetariamente atualizada, sem prejuízo de eventuais perdas e danos.

§ 1º Aplica-se a este artigo o disposto no § 4º do artigo anterior.

§ 2º O fornecedor imediato será responsável quando fizer a pesagem ou a medição e o instrumento utilizado não estiver aferido segundo os padrões oficiais.

Normas Correlatas:

Código de Defesa do Consumidor: art. 7º, parágrafo único – tendo mais de um autor a ofensa, todos responderão solidariamente pela reparação dos danos previstos nas normas de consumo; art. 25 e parágrafos – solidariedade entre fabricante, construtor ou importador e quem fez a incorporação, no produto, peça ou componente; art. 28 – desconsideração da personalidade jurídica; art 34 – solidariedade do fornecedor com seus prepostos; art. 51, III – são nulas de pleno direito, entre outras, as cláusulas contratuais relativas ao fornecimento de produtos e serviços que transfiram responsabilidades a terceiros; art. 58 – autoriza a apreensão do produto no caso de vício de quantidade.

Código Civil: v. no artigo anterior referência sobre solidariedade passiva ou ativa; v. no art. 23 remissão a artigos do Código Civil.

Art. 20
O fornecedor de serviços responde pelos vícios de qualidade que os tornem impróprios ao consumo ou lhes diminuam o

valor, assim como por aqueles decorrentes da disparidade com as indicações constantes da oferta ou mensagem publicitária, podendo o consumidor exigir, alternativamente e à sua escolha:

I – a reexecução dos serviços, sem custo adicional e quando cabível;

II – a restituição imediata da quantia paga, monetariamente atualizada, sem prejuízo de eventuais perdas e danos;

III – o abatimento proporcional do preço.

§ 1º A reexecução dos serviços poderá ser confiada a terceiros devidamente capacitados, por conta e risco do fornecedor.

§ 2º São impróprios os serviços que se mostrem inadequados para os fins que razoavelmente deles se esperam, bem como aqueles que não atendam as normas regulamentares de prestabilidade.

Normas Correlatas:

Código de Defesa do Consumidor: arts. 18; 51, *caput*, II; 58.
V., no art. 23, remissão a artigos do Código Civil.

Art. 21 No fornecimento de serviços que tenham por objetivo a reparação de qualquer produto considerar-se-á implícita a obrigação do fornecedor de empregar componentes de reposição originais adequados e novos, ou que mantenham as especificações técnicas do fabricante, salvo, quanto a estes últimos, autorização em contrário do consumidor.

Normas Correlatas:

Código de Defesa do Consumidor: art. 13 – hipóteses de responsabilidade do comerciante; art. 70 – é crime, na reparação de produtos, empregar peças ou componentes de reposição usados, sem autorização do consumidor.

Art. 22 Os órgãos públicos, por si ou suas empresas, concessionárias, permissionárias ou sob qualquer outra forma de empreendimento, são obrigados a fornecer serviços adequados, eficientes, seguros e, quanto aos essenciais, contínuos.

Parágrafo único. Nos casos de descumprimento, total ou parcial, das obrigações referidas neste artigo, serão as pessoas jurídicas compelidas a cumpri-las e a reparar os danos causados, na forma prevista neste código.

Normas Correlatas:

Constituição Federal: 37, § 6º – as pessoas jurídicas de direito público e as de direito privado prestadoras de serviços públicos, responderão pelos danos que seus agentes, nessa qualidade, causarem a terceiros, assegurado o direito de regresso contra o responsável nos casos de dolo ou culpa; art. 175 – incumbe ao Poder Público, na forma da lei, diretamente ou sob regime de concessão ou permissão, sempre através de licitação, a prestação de serviços públicos; art. 236, *caput* e § 1º – os serviços notariais e de registro são exercidos em caráter privado, por delegação do Poder Público. A lei regulará as atividades, disciplinará a responsabilidade civil e criminal dos notários, dos oficiais de registro e de seus prepostos, e definirá a fiscalização de seus atos pelo Poder Judiciário.

Código de Defesa do Consumidor: art. 6º, X – assegura ao consumidor direito à adequada e eficaz prestação de serviços públicos em geral.

Código Civil: art. 41 – enumera as pessoas jurídicas de direito público interno.

Leis:

Lei n. 4.595, de 31.12.1964: art. 11, VII – confere ao Banco Central do Brasil atribuições de vigilância nos mercados financeiros e de capitais.

Lei n. 8.935, de 16.11.1994 — dispondo sobre serviços notariais e de registro (Lei do Cartório).

Lei n. 8.987, de 13.2.1995 — dispondo sobre regime de concessão e permissão da prestação de serviços públicos.

Lei n. 9.074, de 7.7.1995 — sobre outorga e prorrogações das concessões e permissões de serviços públicos.

Lei n. 9.791, de 24.3.1999 — sobre a obrigatoriedade de as concessionárias de serviços públicos estabelecerem ao consumidor e ao usuário datas opcionais para o vencimento de seus débitos.

Decretos:

Decreto-lei n. 200, de 25.2.1967 — arts. 4º e 5º definem a administração direta e indireta.

Decreto n. 5.440, de 4.5.2005 — estabelece definições e procedimentos sobre o controle de qualidade da água de sistemas de abastecimento e institui mecanismos e instrumentos para divulgação de informação ao consumidor sobre a qualidade da água para consumo humano.

Outros Diplomas:

Resolução n. 3.694, do Banco Central do Brasil, de 26.3.2009 — dispõe sobre a prevenção de riscos na contratação de operações e na prestação de serviços por parte de instituições financeiras e demais instituições autorizadas a funcionar pelo Banco Central do Brasil.

Art. 23 A ignorância do fornecedor sobre os vícios de qualidade por inadequação dos produtos e serviços não o exime de responsabilidade.

Normas Correlatas:

Código de Defesa do Consumidor: art. 18, § 1º – critérios que o consumidor pode usar no caso de produto com vício; art. 20 – critérios que o consumidor pode usar no caso de vícios de qualidade do serviço.

Código Civil: art. 186 – aquele que, por ação ou omissão voluntária, negligência ou imprudência, violar direito e causar dano a outrem, ainda que exclusivamente moral, comete ato ilícito; art. 234 – no caso da obrigação de dar coisa certa, a coisa se perder, sem culpa do devedor, antes da tradição, ou pendente a condição suspensiva, fica resolvida a obrigação para ambas as partes; se a perda resultar de culpa do devedor, responderá este pelo equivalente e mais perdas e danos; art. 389 – não cumprida a obrigação, responde o devedor por perdas e danos, mais juros e atualização monetária segundo índices oficiais regularmente estabelecidos, e honorários de advogado; art. 443 – se o alienante conhecia o vício ou o defeito da coisa, restituirá o que recebeu com perdas e danos; se o não conhecia, tão somente restituirá o valor recebido, mais as despesas do contrato.

Art. 24 A garantia legal de adequação do produto ou serviço independe de termo expresso, vedada a exoneração contratual do fornecedor.

Normas Correlatas:

Código de Defesa do Consumidor: art. 50 – reza que a garantia contratual é complementar à legal e será conferida mediante termo escrito, devendo esclarecer em que consiste essa garantia, bem como a forma, o prazo e o lugar em que pode ser exercitada; art. 74 – pune com pena de detenção o fornecedor que deixar de entregar ao consumidor o termo de garantia.

Código Civil: art. 449 – não obstante a cláusula que excluir a garantia contra a evicção, se esta se der, tem direito o evicto a recobrar o preço que pagou pela coisa evicta, se não soube do risco da evicção, ou, dela informado, não o assumiu.

Art. 25 É vedada a estipulação contratual de cláusula que impossibilite, exonere ou atenue a obrigação de indenizar prevista nesta e nas seções anteriores.

§ 1º Havendo mais de um responsável pela causação do dano, todos responderão solidariamente pela reparação prevista nesta e nas seções anteriores.

§ 2º Sendo o dano causado por componente ou peça incorporada ao produto ou serviço, são responsáveis solidários seu fabricante, construtor ou importador e o que realizou a incorporação.

Normas Correlatas:

Código de Defesa do Consumidor: art. 7º, parágrafo único – tendo mais de um autor a ofensa, todos responderão solidariamente pela reparação dos danos previstos nas normas de consumo; art. 13 – hipóteses de responsabilidade do comerciante; art. 19 – os fornecedores respondem solidariamente pelos vícios de quantidade do produto e indica soluções alternativas do litígio; art. 28, § 3º – as sociedades consorciadas são solidariamente responsáveis pelas obrigações decorrentes deste Código; art. 51 – sobre abusividade da cláusula contratual que exonere a responsabilidade do fornecedor por vícios de qualquer natureza dos produtos e serviços.

Código Civil: arts. 264 a 266 – conceito de solidariedade; ela não se presume: resulta da lei ou da vontade das partes; arts. 264 a 285 – sobre solidariedade.

Seção IV
Da Decadência e da Prescrição

Art. 26 O direito de reclamar pelos vícios aparentes ou de fácil constatação caduca em:

I – trinta dias, tratando-se de fornecimento de serviço e de produtos não duráveis;

II – noventa dias, tratando-se de fornecimento de serviço e de produtos duráveis.

§ 1º Inicia-se a contagem do prazo decadencial a partir da entrega efetiva do produto ou do término da execução dos serviços.

§ 2º Obstam a decadência:

I – a reclamação comprovadamente formulada pelo consumidor perante o fornecedor de produtos e serviços até a resposta negativa correspondente, que deve ser transmitida de forma inequívoca;

II – (Vetado).

III – a instauração de inquérito civil, até seu encerramento.

§ 3º Tratando-se de vício oculto, o prazo decadencial inicia-se no momento em que ficar evidenciado o defeito.

Normas Correlatas:

Código de Defesa do Consumidor: art. 18, *caput* – respondem solidariamente pelos vícios de qualidade ou quantidade os fornecedores de produtos de consumo duráveis ou não duráveis.

Código Civil: arts. 207 a 211 – sobre a decadência.

Lei n. 7.347, de 24.7.1985 – disciplinando a ação civil pública de responsabilidade por danos ao consumidor.

Art. 27 Prescreve em cinco anos a pretensão à reparação pelos danos causados por fato do produto ou do serviço prevista na Seção II deste Capítulo, iniciando-se a contagem do prazo a partir do conhecimento do dano e de sua autoria.

Parágrafo único. (Vetado).

Normas Correlatas:

Código de Defesa do Consumidor: arts. 12 a 17 – da responsabilidade pelo fato do produto e do serviço; art. 18, *caput* e § 1º – responsabilidade solidária dos fornecedores de produtos duráveis ou não duráveis pelos vícios de qualidade ou de quantidade; exigências alternativas do consumidor; art. 90 – prevê aplicação subsidiária de disposições do Código de Processo Civil e da Lei n. 7.347, de 24.7.1985 (Lei da Ação Civil Pública), inclusive seus arts. 7º e 8º, no que respeita ao inquérito civil; art. 101 – normas para ajuizamento da ação de responsabilidade civil do fornecedor de produtos ou de serviços; art. 102 – faculdade aos legitimados para requerer ao Poder Público competente a proibição, em todo o território nacional, da produção, divulgação, distribuição ou venda, ou a determinar a alteração na composição, estrutura, fórmula ou acondicionamento de produto, cujo uso ou consumo regular, se revele nocivo ou perigoso à saúde pública e à incolumidade pessoal.

Código Civil: arts. 205 e 206 – da prescrição; arts. 441 a 446 – dos vícios redibitórios aplicáveis aos contratos em geral; art. 441 – a coisa recebida em virtude de contrato comutativo pode ser enjeitada por vícios ou defeitos ocultos, que a tornem imprópria ao uso a que é destinada, ou lhe diminuam o valor; art. 442 – em vez de rejeitar a coisa, pode o adquirente reclamar abatimento no preço; art. 443 – se o fornecedor conhecia o vício, ou o defeito restituirá o que recebeu com perdas e danos; se não o conhecia, tão somente restituirá o valor recebido, mais as despesas do contrato; art. 444 – a responsabilidade do alienante subsiste ainda que a coisa pereça em poder do alienatário, se perecer por vício oculto, já existente ao tempo da tradição; art. 445 – estabelece prazos para decaimento do direito para pedir abatimento do preço: de trinta dias se a coisa for móvel e de um ano se for imóvel.

Código de Processo Civil: art. 219 – a citação válida torna prevento o juízo, induz litispendência e faz litigiosa a coisa e, ainda, quando ordenada por juiz incompetente, constitui em mora o devedor e interrompe a prescrição. § 1º – a interrupção da prescrição retroagirá à data da propositura da ação. § 2º – incumbe à parte (consumidor) promover a citação do réu (fornecedor) nos dez dias subsequentes ao despacho que a ordenar, não ficando prejudicada pela demora imputável exclusivamente ao serviço judiciário. § 3º – não sendo citado o réu, o juiz prorrogará o prazo até o máximo de noventa dias. § 4º – Não se efetuando a citação nos prazos mencionados nos parágrafos antecedentes, haver-se-á por não interrompida a prescrição. § 5º – o juiz pronunciará, de ofício, a prescrição.

Seção V
Da Desconsideração da Personalidade Jurídica

Art. 28 O juiz poderá desconsiderar a personalidade jurídica da sociedade quando, em detrimento do consumidor, houver abuso de direito, excesso de poder, infração da lei, fato ou ato ilícito ou violação dos estatutos ou contrato social. A desconsideração também será efetivada quando houver falência, estado de insolvência, encerramento ou inatividade da pessoa jurídica provocados por má administração.

§ 1º (Vetado).

§ 2º As sociedades integrantes dos grupos societários e as sociedades controladas, são subsidiariamente responsáveis pelas obrigações decorrentes deste código.

§ 3º As sociedades consorciadas são solidariamente responsáveis pelas obrigações decorrentes deste código.

§ 4º As sociedades coligadas só responderão por culpa.

§ 5º Também poderá ser desconsiderada a pessoa jurídica sempre que sua personalidade for, de alguma forma, obstáculo ao ressarcimento de prejuízos causados aos consumidores.

Normas Correlatas:

Código de Defesa do Consumidor: art. 7º, parágrafo único – tendo mais de um autor a ofensa, todos responderão solidariamente pela reparação dos danos previstos nas normas de consumo; art. 25 – é vedada estipulação contratual que impossibilite, exonere ou atenue a obrigação de indenizar.

Código Civil: art. 50 – em caso de abuso da personalidade jurídica, caracterizado pelo desvio de finalidade, ou pela confusão patrimonial, pode o juiz decidir, a requerimento da parte, ou do Ministério Público quando lhe couber intervir no processo, que os efeitos de certas e determinadas relações de obrigações sejam estendidos aos bens particulares dos administradores ou sócios da pessoa jurídica; art. 991 – na sociedade em conta de participação obriga-se perante terceiro apenas o sócio ostensivo; art. 1.023 – "Se os bens da sociedade não lhe cobrirem as dívidas, respondem os sócios pelo saldo, na proporção em que participem das perdas sociais, salvo cláusula de responsabilidade solidária"; art. 1.024 – "os bens particulares dos sócios não podem ser executados por dívidas da sociedade, senão depois de executados os bens sociais"; art. 1.025 – "o sócio, admitido em sociedade já constituída, não se exime das dívidas sociais anteriores à admissão"; art. 1.039 – sociedade em nome coletivo, em que somente pessoas físicas podem tomar parte na sociedade, e que obriga todos os sócios, solidária e ilimitadamente, pelas obrigações sociais; art. 1.045 – sociedade em comandita, cujos sócios são de duas classes: os comanditados, responsáveis solidária e ilimitadamente pelas obrigações sociais e os comanditários, obrigados somente pelo valor de sua quota; art. 1.052 – na sociedade limitada, a responsabilidade de cada sócio é restrita ao valor de suas quotas, mas todos respondem solidariamente pela integralização do capital social; art. 1.091 – o diretor de sociedade em comandita por ações responde subsidiária e ilimitadamente pelas obrigações da sociedade; art. 1.095 – na sociedade cooperativa, a responsabilidade dos sócios pode ser limitada ou ilimitada na forma do seu estatuto.

CLT: art. 2º, § 2º – admite a desconsideração da personalidade jurídica de empresas integrantes de grupo industrial, comercial ou de qualquer outra atividade econômica.

Leis:

Lei n. 5.172, de 25.10.1966 — Código Tributário Nacional: art. 134 – "Nos casos de impossibilidade de exigência do cumprimento da obrigação principal pelo contribuinte, respondem solidariamente com este nos atos em que intervierem ou pelas omissões de que forem responsáveis: I – *omissis*; VII – os sócios, no caso de liquidação de sociedade de pessoas"; art. 135 – "São pessoalmente responsáveis pelos créditos correspondentes às obrigações tributárias resultantes de atos praticados com excesso de poderes ou infração de lei, contrato social ou estatutos: I – as pessoas referidas no artigo anterior; II – os mandatários, prepostos e empregados; III – os diretores, gerentes ou representantes de pessoas jurídicas de direito privado".

Lei n. 6.404, de 15.12.1976: art. 99 – "os primeiros administradores são solidariamente responsáveis perante a companhia pelos prejuízos causados pela demora no cumprimento das formalidades de constituição, mas a assembleia geral poderá deliberar em contrário"; art. 104 – a companhia é responsável pelos prejuízos que causar aos interessados por vícios ou irregularidades verificadas em seus livros mercantis; art. 117 – o acionista controlador responde pelos danos causados por atos praticados com abuso de poder; art. 158 — o administrador responde civilmente pelos prejuízos que causar, quando proceder com culpa ou dolo e, ainda, quando violar a lei ou estatuto da sociedade; art. 235 – as sociedades de economia mista estão sujeitas a esta lei, sem prejuízo das disposições especiais de lei federal (Constituição Federal, arts. 37, XIX; 173, §§ 1º e 2º); art. 278 – sobre consórcio de empresas para executar determinado empreendimento.

Lei n. 8.884, de 11.6.1994 — dispõe sobre a prevenção e a repressão às infrações contra a ordem econômica: art. 18 — "A personalidade jurídica do responsável por infração da ordem econômica poderá ser desconsiderada quando houver da parte deste abuso de direito, excesso de poder, infração da lei, fato ou ato ilícito ou violação dos estatutos ou contrato social. A desconsideração será também efetivada quando houver falência, estado de insolvência, encerramento ou inatividade da pessoa jurídica provocados por má administração".

Lei n. 11.101, de 9.2.2005 — Lei da Recuperação Judicial, Extrajudicial e da Falência: art. 82 – a responsabilidade pessoal dos sócios de responsabilidade limitada, dos controladores e dos administradores da sociedade falida, estabelecida nas respectivas leis, será apurada no próprio juízo da falência, independentemente da realização do ativo e da prova da sua insuficiência para cobrir o passivo, observado o procedimento ordinário previsto no Código de Processo Civil. § 1º – Prescreverá em 2 (dois) anos, contados do trânsito em julgado da sentença de encerramento da falência, a ação de responsabilização prevista no *caput* deste artigo. § 2º – O juiz poderá, de ofício ou mediante requerimento das partes interessadas, ordenar a indisponibilidade de bens particulares dos réus, em quantidade compatível com o dano provocado, até o julgamento da ação de responsabilização.

Capítulo V
Das Práticas Comerciais

Seção I
Das Disposições Gerais

Art. 29 Para os fins deste Capítulo e do seguinte, equiparam-se aos consumidores todas as pessoas determináveis ou não, expostas às práticas nele previstas.

Seção II
Da Oferta

Art. 30 Toda informação ou publicidade, suficientemente precisa, veiculada por qualquer forma ou meio de comunicação com relação a produtos e serviços oferecidos ou apresentados, obriga o fornecedor que a fizer veicular ou dela se utilizar e integra o contrato que vier a ser celebrado.

Normas Correlatas:
Constituição Federal: art. 220, § 4º – sobre liberdade de expressão e informação e sobre a propaganda comercial de tabaco, bebidas alcoólicas, agrotóxicos, medicamentos e terapias.

Código de Defesa do Consumidor: art. 6º – são direitos básicos do consumidor: I – *omissis*; III – a informação adequada e clara sobre os diferentes produtos e serviços, com especificação correta de quantidade, características, composição, qualidade e preço, bem como sobre os riscos que apresentem; arts. 8º e 9º – obrigação do fornecedor de dar informações precisar sobre eventuais riscos do produto ou do serviço à segurança ou saúde do consumidor; art. 12 – obrigação de o fornecedor ressarcir dano causado ao consumidor; art. 31 – a oferta e apresentação de produtos ou serviços devem ser acompanhadas de informações precisas, corretas, claras, ostensivas e em língua portuguesa; art. 36 – a publicidade deve ser veiculada de tal forma que o consumidor, fácil e imediatamente, a identifique como tal. Parágrafo único. O fornecedor, na publicidade de seus produtos ou serviços, manterá, em seu poder, para informação dos legítimos interessados, os dados fáticos, técnicos e científicos que dão sustentação à mensagem; art. 37 – define e proíbe a publicidade enganosa ou abusiva; art. 52 – no fornecimento de produtos ou serviços, a crédito, o consumidor deve receber informações sobre o preço, montante dos juros de mora, da taxa anual de juros, de acréscimos admitidos em lei, número e periodicidade das prestações e soma total a pagar, com ou sem financiamento; art. 66 – é crime, punível com pena de detenção, fazer afirmação falsa ou enganosa, ou omitir informação relevante sobre a natureza, característica, qualidade, quantidade, segurança, desempenho, durabilidade, preço ou garantia de produtos ou serviços; art. 69 – é crime punível com pena de detenção deixar de organizar dados táticos, técnicos e científicos que dão base à publicidade.

Código Civil: art. 219 – presunção de veracidade em relação ao signatário em documentos escritos; arts. 427 a 435 – com disposições gerais sobre contratos; art. 434 – sobre contratos por via epistolar, isto é, contrato entre ausentes.

Lei n. 9.294, de 15.7.1996 – dispondo sobre as restrições ao uso e a propaganda de produtos fumígeros, bebidas alcoólicas, medicamentos, terapias e defensivos agrícolas.

Decreto n. 4.680, de 24.4.2003 – regulamenta o direito à informação quanto aos alimentos e ingredientes alimentares destinados ao consumo humano ou animal que contenham ou sejam produzidos a partir de organismos geneticamente modificados.

Art. 31 A oferta e apresentação de produtos ou serviços devem assegurar informações corretas, claras, precisas, ostensivas e em língua portuguesa sobre suas características, qualidades, quantidade, composição, preço, garantia, prazos de validade e origem, entre outros dados, bem como sobre os riscos que apresentam à saúde e segurança dos consumidores.

Parágrafo único. As informações de que trata este artigo, nos produtos refrigerados oferecidos ao consumidor, serão gravadas de forma indelével.
(Incluído pela Lei n. 11.989, de 2009).

Normas Correlatas:
Código de Defesa do Consumidor: v., no artigo anterior, remissão aos demais dispositivos deste Código e legislação extravagante.

Leis:
Lei n. 9.294, de 15.7.1996 — sobre propaganda comercial de cigarros, cigarrilhas, charutos, cachimbos, ou de qualquer outro produto fumígeno derivado do tabaco.

Lei n. 10.962, de 11.10.2004 — dispõe sobre a oferta e as formas de afixação de preços de produtos e serviços para o consumidor.

Lei n. 10.499, do Estado de São Paulo, de 5.1.2000 — dispõe sobre as formas de afixação de preços de produtos e serviços, para conhecimento pelo consumidor.

Decretos:

Decreto n. 2.018, de 1.10.1996 — regulamenta a Lei n. 9.294/1996, sobre a propaganda e embalagem de produtos de tabaco, de bebidas, de medicamentos e terapias, de defensivos agrícolas.

Decreto n. 5.903, de 20.9.2006 — regulamenta a Lei n. 10.962, que trata sobre a oferta e as formas de afixação de preços de produtos e serviços para o consumidor.

Outros Diplomas:

Portaria Interministerial n. 477, dos Ministérios da Saúde, Justiça e Comunicações, de 24.3.1995 — sobre o teor das advertências sobre os males causados pelo consumo do tabaco.

Portaria n. 81, de 23.1.2002 — estabelece regra para a informação aos consumidores sobre mudança de quantidade de produto comercializado na embalagem.

Ver no item "Normas Correlatas" do art. 51 as cláusulas abusivas indicadas em Portarias do Ministério da Justiça.

Art. 32 Os fabricantes e importadores deverão assegurar a oferta de componentes e peças de reposição enquanto não cessar a fabricação ou importação do produto.

Parágrafo único. Cessadas a produção ou importação, a oferta deverá ser mantida por período razoável de tempo, na forma da lei.

Normas Correlatas:

Código de Defesa do Consumidor: art. 21 – no fornecimento de serviços visando à reparação de qualquer produto, considerar-se-á implícita a obrigação do fornecedor de empregar componentes de reposição originais adequados e novos, ou que mantenham as especificações técnicas do fabricante, salvo, quanto a estes últimos, autorização em contrário do consumidor; art. 70 – é crime, na reparação de produtos, empregar peças ou componentes de reposição usados, sem autorização do consumidor.

Código Civil: arts. 408 a 416 – sobre cláusula penal; art. 393 – o devedor não responde pelos prejuízos resultantes de caso fortuito, ou força maior, se expressamente não se houver por eles responsabilizado; art. 399 – o devedor em mora responde pela impossibilidade da prestação, embora essa impossibilidade resulte de caso fortuito ou de força maior, se estes ocorrerem durante o atraso; salvo se provar isenção de culpa, ou que o dano sobreviria ainda quando a obrigação fosse oportunamente desempenhada.

Art. 33 Em caso de oferta ou venda por telefone ou reembolso postal, deve constar o nome do fabricante e endereço na embalagem, publicidade e em todos os impressos utilizados na transação comercial.

Parágrafo único. É proibida a publicidade de bens e serviços por telefone, quando a chamada for onerosa ao consumidor que a origina. *(Incluído pela Lei n. 11.800, de 2008).*

Normas Correlatas:

Código de Defesa do Consumidor: art. 13 – hipóteses de responsabilidade do comerciante; art. 47 – interpretação do contrato de maneira mais favorável ao consumidor; art. 49, parágrafo único – o consumidor pode desistir do contrato, no prazo de 7 (sete) dias a contar de sua assinatura ou do ato de recebimento do produto ou serviço, sempre que a respectiva contratação ocorrer fora do estabelecimento comercial, especialmente por telefone ou a domicílio. No caso, o consumidor tem direito à devolução do que pagou durante prazo de reflexão, monetariamente corrigido.

Código Civil: art. 134 – os negócios jurídicos entre vivos, sem prazo, são exequíveis desde logo, salvo se a execução tiver de ser feita em lugar diverso ou depender de tempo; arts. 421 a 425; art. 427 – a proposta de contrato obriga o proponente, se o contrário não resultar dos termos dela, da natureza do negócio, ou das circunstâncias do caso; art. 428 – condições em que a proposta deixa de ser obrigatória; art. 431 – a aceitação (da proposta) fora do prazo, com adições, restrições ou modificações, importará nova proposta; art. 434 – contrato entre ausentes; arts. 481 a 537 — da compra e venda.

Art. 34 O fornecedor do produto ou serviço é solidariamente responsável pelos atos de seus prepostos ou representantes autônomos.

Normas Correlatas:

Código de Defesa do Consumidor: art. 7º, parágrafo único – tendo mais de um autor a ofensa (a direitos previstos neste Código), todos responderão solidariamente pela reparação dos danos; art. 18, *caput* – os fornecedores de produtos de consumo duráveis ou não duráveis respondem solidariamente pelos vícios de qualidade ou quantidade; art. 19 – responsabilidade solidária dos fornecedores por vício de quantidade decorrente de disparidade entre seu conteúdo e indicações constantes da embalagem; art. 25, §§ 1º e 2º – responsabilidade solidária dos causadores do dano. Dano resultante de componente ou peça incorporada ao produto ou serviço, são responsáveis solidários o fabricante e quem tiver feito a incorporação; art. 28, § 3º – sociedades consorciadas são solidariamente responsáveis pelas obrigações decorrentes deste Código.

Código Civil: arts. 264 a 266 – conceito de solidariedade; ela não se presume: resulta da lei ou da vontade das partes; art. 932, III – são também responsáveis pela reparação civil o empregador ou comitente, por seus empregados, serviçais e prepostos, no exercício do trabalho que lhes competir ou em razão dele; art. 931 – os empresários individuais e as empresas respondem independentemente de culpa pelos danos causados pelos produtos postos em circulação; art. 933 – aquele que ressarcir o dano causado por outrem pode reaver o que houver pago daquele por quem pagou, salvo se o causador do dano for descendente seu, absoluta ou relativamente incapaz; art. 940 – aquele que demandar por dívida já paga, no todo ou em parte, sem ressalvar as quantias recebidas ou pedir mais do que for devido, ficará obrigado a pagar ao devedor, no primeiro caso, o dobro do que houver cobrado e, no segundo, o equivalente do que dele exigir, salvo se houver prescrição.

Lei n. 4.886/1965 – regula as atividades dos representantes comerciais autônomos.

Art. 35 Se o fornecedor de produtos ou serviços recusar cumprimento à oferta, apresentação ou publicidade, o consumidor poderá, alternativamente e à sua livre escolha:

I – exigir o cumprimento forçado da obrigação, nos termos da oferta, apresentação ou publicidade;

II – aceitar outro produto ou prestação de serviço equivalente;

III – rescindir o contrato, com direito à restituição de quantia eventualmente antecipada, monetariamente atualizada, e a perdas e danos.

Normas Correlatas:
Código de Defesa do Consumidor: art. 18 – os vícios de qualidade ou de quantidade de produtos duráveis e não duráveis autorizam o consumidor a fazer exigências alternativas ao fornecedor e relacionadas nos §§ 1º ao 4º; art. 51, II – são nulas de pleno direito cláusulas contratuais que subtraiam ao consumidor a opção de reembolso da quantia já paga, nos casos previstos neste Código; art. 84 e §§ – na ação que tenha por objeto o cumprimento da obrigação de fazer ou não fazer o juiz concederá a tutela específica da obrigação ou determinará providências que assegurem o resultado prático equivalente ao do adimplemento.

Código Civil: art. 393 – o devedor não responde pelos prejuízos resultantes de caso fortuito, ou força maior, se expressamente não se houver por eles responsabilizado. Parágrafo único – O caso fortuito ou de força maior, verifica-se no fato necessário, cujos efeitos não era possível evitar ou impedir; art. 427 — a proposta de contrato obriga o proponente, se o contrário não resultar dos termos dela, da natureza do negócio ou das circunstâncias do caso.

Seção III
Da Publicidade

Art. 36 A publicidade deve ser veiculada de tal forma que o consumidor, fácil e imediatamente, a identifique como tal.

Parágrafo único. O fornecedor, na publicidade de seus produtos ou serviços, manterá, em seu poder, para informação dos legítimos interessados, os dados fáticos, técnicos e científicos que dão sustentação à mensagem.

Normas Correlatas:
Constituição Federal: arts. 220 a 224 — sobre comunicação social.

Código de Defesa do Consumidor: art. 60 – a imposição de contrapropaganda será cominada quando o fornecedor incorrer a prática de publicidade enganosa ou abusiva, nos termos do art. 36 e seu parágrafo, sempre às expensas do infrator; art. 69 – é crime punível, com pena de detenção, deixar de organizar dados fáticos, técnicos e científicos que dão base à publicidade.

Lei n. 8.977, de 6.1.1995, regulamentada pelo Decreto n. 2.206, de 14.4.1997 — sobre TV a cabo.

Decreto n. 4.680, de 24.4.2003 — regulamenta o direito à informação quanto aos alimentos e ingredientes alimentares destinados ao consumo humano ou animal que contenham ou sejam produzidos a partir de organismos geneticamente modificados.

CONAR — Código Brasileiro de Autorregulamentação Publicitária.

Art. 37 É proibida toda publicidade enganosa ou abusiva.

§ 1º É enganosa qualquer modalidade de informação ou comunicação de caráter publicitário, inteira ou parcialmente falsa, ou, por qualquer outro modo, mesmo por omissão, capaz de induzir em erro o consumidor a respeito da natureza, características, qualidade, quantidade, propriedades, origem, preço e quaisquer outros dados sobre produtos e serviços.

§ 2º É abusiva, dentre outras, a publicidade discriminatória de qualquer natureza, a que incite à violência, explore o medo ou a superstição, se aproveite da deficiência de julgamento e experiência da criança, desrespeita valores ambientais, ou que seja capaz de induzir o consumidor a se comportar de forma prejudicial ou perigosa à sua saúde ou segurança.

§ 3º Para os efeitos deste código, a publicidade é enganosa por omissão quando deixar de informar sobre dado essencial do produto ou serviço.

§ 4º (Vetado).

Normas Correlatas:

Constituição Federal: art. 170, *caput*, IV, V, VI e parágrafo único – a ordem econômica, fundada na valorização do trabalho humano e na livre-iniciativa, tem por fim assegurar a todos existência digna, conforme os ditames da justiça social, observados os seguintes princípios: a livre concorrência; defesa do consumidor; livre exercício de qualquer atividade econômica.

Código de Defesa do Consumidor: art. 39, IV – é vedado ao fornecedor prevalecer-se da fraqueza ou ignorância do consumidor, tendo em vista sua idade, saúde, conhecimento ou condição social, para impingir-lhe seus produtos ou serviços; art. 60 – é a multa aumentada ao triplo se o juiz considerar que, em virtude da situação econômica do réu, é ineficaz, embora aplicada no máximo; art. 66 – é crime, punível com pena de detenção, fazer afirmação falsa ou enganosa ou omitir informação relevante sobre produtos ou serviços; art. 67 – fazer ou promover publicidade que sabe ou deveria saber ser enganosa ou abusiva: pena de detenção de três meses a um ano e multa.

Leis:

Lei n. 9.279, de 14.5.1996 (Código da Propriedade Industrial) — sobre concorrência desleal.

Lei n. 9.294, de 15.7.1996 — proíbe o uso de cigarros, cigarrilhas, charutos, cachimbos, ou de qualquer outro produto fumígeno derivado do tabaco, em recinto coletivo, privado ou público, tais como, repartições públicas, hospitais, salas de aula, bibliotecas, ambientes de trabalho, teatros e cinemas, exceto em fumódromos e trata da propaganda comercial desses produtos.

Lei n. 10.962, de 11.10.2004 — dispõe sobre a oferta e as formas de afixação de preços de produtos e serviços para o consumidor.

Decreto n. 5.903, de 20.9.2006 — regulamenta a Lei n. 10.962, que trata sobre a oferta e as formas de afixação de preços de produtos e serviços para o consumidor.

CONAR — Código Brasileiro de Autorregulamentação Publicitária.

Ver no item "Normas Correlatas" do art. 51 as cláusulas abusivas indicadas em Portarias do Ministério da Justiça.

Art. 38 O ônus da prova da veracidade e correção da informação ou comunicação publicitária cabe a quem as patrocina.

Normas Correlatas:

Código de Defesa do Consumidor: art. 6º, VIII – é direito básico do consumidor a facilitação da defesa de seus direitos, inclusive com a inversão do ônus da prova, a seu favor, no processo civil, quando a critério do juiz, for verossímil a alegação ou quando for ele hipossuficiente, segundo as regras ordinárias de experiências; art. 51, VI – são nulas de pleno direito, entre outras, as cláusulas contratuais relativas ao fornecimento de produtos e serviços que estabeleçam inversão do ônus da prova em prejuízo do consumidor.

Código de Processo Civil: art. 333 — sobre ônus da prova.

Seção IV
Das Práticas Abusivas

Art. 39 É vedado ao fornecedor de produtos ou serviços, dentre outras práticas abusivas: *(Redação dada pela Lei n. 8.884, de 11.6.1994)*

I – condicionar o fornecimento de produto ou de serviço ao fornecimento de outro produto ou serviço, bem como, sem justa causa, a limites quantitativos;

II – recusar atendimento às demandas dos consumidores, na exata medida de suas disponibilidades de estoque, e, ainda, de conformidade com os usos e costumes;

III – enviar ou entregar ao consumidor, sem solicitação prévia, qualquer produto, ou fornecer qualquer serviço;

IV – prevalecer-se da fraqueza ou ignorância do consumidor, tendo em vista sua idade, saúde, conhecimento ou condição social, para impingir-lhe seus produtos ou serviços;

V – exigir do consumidor vantagem manifestamente excessiva;

VI – executar serviços sem a prévia elaboração de orçamento e autorização expressa do consumidor, ressalvadas as decorrentes de práticas anteriores entre as partes;

VII – repassar informação depreciativa, referente a ato praticado pelo consumidor no exercício de seus direitos;

VIII – colocar, no mercado de consumo, qualquer produto ou serviço em desacordo com as normas expedidas pelos órgãos oficiais competentes ou, se normas específicas não existirem, pela Associação Brasileira de Normas Técnicas ou outra entidade credenciada pelo Conselho Nacional de Metrologia, Normalização e Qualidade Industrial (CONMETRO);

IX – recusar a venda de bens ou a prestação de serviços, diretamente a quem se disponha a adquiri-los mediante pronto pagamento, ressalvados os casos de intermediação regulados em leis especiais; *(Redação dada pela Lei n. 8.884, de 11.6.1994)*

X – **elevar sem justa causa o preço de produtos ou serviços.** *(Incluído pela Lei n. 8.884, de 11.6.1994)*

XI – Dispositivo incluído pela MPV n. 1.890-67, de 22.10.1999, transformado em inciso XIII, quando da conversão na Lei n. 9.870, de 23.11.1999.

XII – deixar de estipular prazo para o cumprimento de sua obrigação ou deixar a fixação de seu termo inicial a seu exclusivo critério. *(Incluído pela Lei n. 9.008, de 21.3.1995)*

XIII – aplicar fórmula ou índice de reajuste diverso do legal ou contratualmente estabelecido. *(Incluído pela Lei n. 9.870, de 23.11.1999)*

Parágrafo único. Os serviços prestados e os produtos remetidos ou entregues ao consumidor, na hipótese prevista no inciso III, equiparam-se às amostras grátis, inexistindo obrigação de pagamento.

Normas Correlatas:

Código de Defesa do Consumidor: outras práticas abusivas: arts. 10; 18, § 6º; 20, § 2º; 32; 37, § 2º; 40; 42; 43; 51, IV, IX e XII; 56 *caput* c/c 57 parágrafo único e 76.

Código Civil: art. 122 – são lícitas, em geral, todas as condições não contrárias à lei, à ordem pública ou aos bons costumes; entre as condições defesas se incluem as que privarem de todo efeito o negócio jurídico, ou o sujeitarem ao puro arbítrio de uma das partes; art. 739 – o transportador não pode recusar passageiros, salvo os casos previstos nos regulame – poderá o transportador recusar a coisa cuja embalagem seja inadequada, bem como a que possa pôr em risco a saúde das pessoas, ou danificar o veículo e outros bens.

Decreto n. 2.181, de 20.3.1997 — organiza o Sistema Nacional de Defesa do Consumidor.

Outros Diplomas:

Portaria n. 93, de 27.12.1996, do INMETRO — com normas para identificar dispositivos elétricos utilizados em instalações elétricas de baixa tensão.

Portaria n. 7, de 3.9.2003 — considerando abusiva a interrupção da internação hospitalar em leito clínico, cirúrgico ou em centro de terapia intensiva ou similar, por motivos alheios às prescrições médicas.

Art. 40 O fornecedor de serviço será obrigado a entregar ao consumidor orçamento prévio discriminando o valor da mão de obra, dos materiais e equipamentos a serem empregados, as condições de pagamento, bem como as datas de início e término dos serviços.

§ 1º Salvo estipulação em contrário, o valor orçado terá validade pelo prazo de dez dias, contado de seu recebimento pelo consumidor.

§ 2º Uma vez aprovado pelo consumidor, o orçamento obriga os contraentes e somente pode ser alterado mediante livre negociação das partes.

§ 3º O consumidor não responde por quaisquer ônus ou acréscimos decorrentes da contratação de serviços de terceiros não previstos no orçamento prévio.

Normas Correlatas:

Código de Defesa do Consumidor: art. 39, VI – executar serviços sem a prévia elaboração de orçamento e autorização expressa do consumidor, ressalvadas as decorrentes de práticas anteriores entre as partes.

Código Civil: arts. 593 a 609 — sobre contrato de locação de serviços; arts. 610 a 626 – sobre contrato de empreitada.

Art. 41 No caso de fornecimento de produtos ou de serviços sujeitos ao regime de controle ou de tabelamento de preços, os fornecedores deverão respeitar os limites oficiais sob pena de não o fazendo, responderem pela restituição da quantia recebida em excesso, monetariamente atualizada, podendo o consumidor exigir, à sua escolha, o desfazimento do negócio, sem prejuízo de outras sanções cabíveis.

Normas Correlatas:

Constituição Federal: art. 173, § 4º – a lei reprimirá o abuso do poder econômico que vise à dominação dos mercados, à eliminação da concorrência e ao aumento arbitrário dos lucros.

Código de Defesa do Consumidor: arts. 18, *caput* e § 1º; 19, *caput*; 20 *caput*; 35 e 41 – enfocam hipóteses semelhantes com opções diferentes para o consumidor.

Leis:
Lei n. 1.521, de 26.12.1951: art. 2º, VI – "Transgredir tabelas oficiais de gêneros e mercadorias, ou de serviços essenciais, bem como expor à venda ou oferecer ao público ou vender tais gêneros mercadorias ou serviços por preço superior ao tabelado, assim como não manter afixadas, em lugar visível e de fácil leitura, as tabelas de preços aprovadas pelos órgãos competentes".

Lei n. 8.137 de 27.12.1990: art. 6º – constitui crime contra a ordem econômica vender ou oferecer à venda mercadoria ou contratar ou oferecer serviço por preço superior ao oficialmente tabelado, ao fixado por órgão ou entidade governamental e ao estabelecido em regime legal de controle.

Portaria n. 753, de 29.10.1998, do Ministro da Justiça, aprovando Regulamento de apuração de práticas restritivas da concorrência no âmbito da Secretaria de Direito Econômico.

Seção V
Da Cobrança de Dívidas

Art. 42 Na cobrança de débitos, o consumidor inadimplente não será exposto a ridículo, nem será submetido a qualquer tipo de constrangimento ou ameaça.

Parágrafo único. O consumidor cobrado em quantia indevida tem direito à repetição do indébito, por valor igual ao dobro do que pagou em excesso, acrescido de correção monetária e juros legais, salvo hipótese de engano justificável.

Normas Correlatas:
Constituição Federal: art. 5º, V – é assegurado o direito de resposta proporcional ao agravo, além da indenização por dano material, moral ou à imagem.

Código de Defesa do Consumidor: art. 71 – punível com pena de detenção "utilizar na cobrança de dívidas, de ameaça, coação, constrangimento físico, ou moral, afirmações falsas, incorretas ou enganosas ou de qualquer outro procedimento que exponha o consumidor, injustificadamente, a ridículo ou interfira com seu trabalho, descanso ou lazer".

Código Civil: art. 876 – todo aquele que recebeu o que lhe não era devido fica obrigado a restituir; art. 882 – não se pode repetir o que se pagou para solver dívida prescrita, ou cumprir obrigação judicialmente inexigível; art. 939 – o credor que demandar o devedor antes de vencida a dívida, fora dos casos em que a lei o permita, ficará obrigado a esperar o tempo que faltava para o vencimento, a descontar os juros correspondentes, embora estipulados, e a pagar as custas em dobro; art. 940 – aquele que demandar por dívida já paga, no todo ou em parte, sem ressalvar as quantias recebidas ou pedir mais do que for devido, ficará obrigado a pagar ao devedor, no primeiro caso, o dobro do que houver cobrado e, no segundo, o equivalente do que dele exigir, salvo se houver prescrição.

Lei de Imprensa — Lei n. 5.250, de 9.2.1967.

ADPF n. 130/DF, do STF, declarou como não recepcionado pela Constituição Federal/1988 todo o conjunto de dispositivos da Lei n. 5.250/1967.

Art. 42-A Em todos os documentos de cobrança de débitos apresentados ao consumidor, deverão constar o nome, o endereço e o número de inscrição no Cadastro de Pessoas Físicas — CPF ou no Cadastro Nacional de Pessoa Jurídica — CNPJ do fornecedor do produto ou serviço correspondente. *(Incluído pela Lei n. 12.039, de 2009)*

Seção VI
Dos Bancos de Dados e Cadastros de Consumidores

Art. 43 O consumidor, sem prejuízo do disposto no art. 86, terá acesso às informações existentes em cadastros, fichas, registros e dados pessoais e de consumo arquivados sobre ele, bem como sobre as suas respectivas fontes.

§ 1º Os cadastros e dados de consumidores devem ser objetivos, claros, verdadeiros e em linguagem de fácil compreensão, não podendo conter informações negativas referentes a período superior a cinco anos.

§ 2º A abertura de cadastro, ficha, registro e dados pessoais e de consumo deverá ser comunicada por escrito ao consumidor, quando não solicitada por ele.

§ 3º O consumidor, sempre que encontrar inexatidão nos seus dados e cadastros, poderá exigir sua imediata correção, devendo o arquivista, no prazo de cinco dias úteis, comunicar a alteração aos eventuais destinatários das informações incorretas.

§ 4º Os bancos de dados e cadastros relativos a consumidores, os serviços de proteção ao crédito e congêneres são considerados entidades de caráter público.

§ 5º Consumada a prescrição relativa à cobrança de débitos do consumidor, não serão fornecidas, pelos respectivos Sistemas de Proteção ao Crédito, quaisquer informações que possam impedir ou dificultar novo acesso ao crédito junto aos fornecedores.

Normas Correlatas:

Constituição Federal: art. 5º, LXXII – Conceder-se-á *habeas data*: a) para assegurar o conhecimento de informações relativas à pessoa do impetrante, constantes de registros ou bancos de dados de entidades governamentais ou de caráter público; b) para a retificação de dados, quando não se prefira fazê-lo por processo sigiloso, judicial ou administrativo.

Código de Defesa do Consumidor: art. 39, VII – é prática abusiva do fornecedor repassar informação depreciativa, referente a ato praticado pelo consumidor no exercício de seus direitos; art. 72 – impedir ou dificultar o acesso do consumidor às informações que sobre ele constem em cadastros, banco de dados, fichas e registro. Pena — detenção de seis meses a um ano ou multa; art. 73 – deixar de corrigir imediatamente informação sobre consumidor constante de cadastro, banco de dados, fichas ou registros que sabe ou deveria saber ser inexata. Pena — detenção de um a seis meses ou multa.

Lei n. 9.507, de 12.11.1997 — regulando o *habeas data*.

Outros Diplomas:

Circular n. 2.065, do Banco Central — altera para 5 dias úteis o prazo máximo para exclusão do nome do correntista do cadastro de emitentes de cheques sem fundos.

Portaria n. 21, PROCON/SP, de 12.4.2005 — dispõe sobre o procedimento aplicável às consultas e reclamações de consumidores e sua divulgação por meio do banco de dados e do cadastro de reclamações fundamentadas.

Art. 44 Os órgãos públicos de defesa do consumidor manterão cadastros atualizados de reclamações fundamentadas contra fornecedores de produtos e serviços, devendo divulgá-lo pública e anualmente. A divulgação indicará se a reclamação foi atendida ou não pelo fornecedor.

§ 1º É facultado o acesso às informações lá constantes para orientação e consulta por qualquer interessado.

§ 2º Aplicam-se a este artigo, no que couber, as mesmas regras enunciadas no artigo anterior e as do parágrafo único do art. 22 deste código.

Normas Correlatas:
Código de Defesa do Consumidor: art. 5º – relaciona órgãos oficiais que atuam na área das relações de consumo.
Decreto n. 2.181, de 20.3.1997 — organiza o Sistema Nacional de Defesa do Consumidor: arts. 18 a 28 — relacionam penalidades administrativas.

Art. 45 (Vetado).

Capítulo VI
Da Proteção Contratual

Seção I
Disposições Gerais

Art. 46 Os contratos que regulam as relações de consumo não obrigarão os consumidores, se não lhes for dada a oportunidade de tomar conhecimento prévio de seu conteúdo, ou se os respectivos instrumentos forem redigidos de modo a dificultar a compreensão de seu sentido e alcance.

Normas Correlatas:
Código Civil: art. 166, VII – é nulo o negócio jurídico quando a lei taxativamente o declarar nulo ou proibir-lhe a prática, sem cominar sanção; art. 174 – é escusada a confirmação expressa, quando o negócio já foi cumprido em parte pelo devedor, ciente do vício que o inquinava; art. 212 – meios de prova do fato jurídico; art. 227 – salvo os casos expressos, a prova exclusivamente testemunhal só se admite nos negócios jurídicos cujo valor não ultrapasse o décuplo do maior salário mínimo vigente no País ao tempo em que foram celebrados; art. 421 – a liberdade de contratar será exercida em razão e nos limites da função social do contrato; art. 422 – os contratantes são obrigados a guardar, assim na conclusão do contrato, como em sua execução, os princípios de probidade e boa-fé; art. 423 – quando houver no contrato de adesão cláusulas ambíguas ou contraditórias, dever-se-á adotar a interpretação mais favorável ao aderente; art. 424 – nos contratos de adesão, são nulas as cláusulas que estipulem a renúncia antecipada do aderente a direito resultante da natureza do negócio; art. 425 – é lícito às partes estipular contratos atípicos, observadas as normas gerais fixadas neste Código; arts. 586 a 592 – sobre mútuo; arts. 730 a 756 – dispondo sobre contrato de transporte; arts. 757 a 802 – sobre contratos de seguros privados.
Código de Processo Civil: arts. 1.070 e 1.071 – sobre vendas a crédito com reserva de domínio.

Leis:
Lei n. 6.404, de 15.12.1976: art. 74 – sobre empréstimos mercantis ou debêntures.
Lei n. 9.656, de 3.6.1998 — sobre contratos de planos e seguros privados de saúde.

Lei n. 9.870, de 23.11.1999 — dispondo sobre anuidades escolares.
Portaria n. 3, de 19.3.1999, da Secretaria de Direito Econômico, do Ministério da Justiça, com elenco de nulidades de vários contratos de consumo.

Art. 47 As cláusulas contratuais serão interpretadas de maneira mais favorável ao consumidor.

Normas Correlatas:
Código Civil: arts. 104 a 114 – do negócio jurídico, sua validade e normas de sua interpretação; art. 112 – nas declarações de vontade, atende-se mais à intenção que ao sentido das palavras; art. 114 – os negócios jurídicos benéficos e a renúncia interpretam-se estritamente.
Lei n. 9.656, de 3.6.1998 — sobre contratos de planos e seguros privados de saúde.

Art. 48 As declarações de vontade constantes de escritos particulares, recibos e pré-contratos relativos às relações de consumo vinculam o fornecedor, ensejando inclusive execução específica, nos termos do art. 84 e parágrafos.

Normas Correlatas:
Código de Defesa do Consumidor: art. 35, I – faculdade de o consumidor exigir cumprimento forçado da obrigação, nos termos da oferta.
Código Civil: art. 78 – nos contratos escritos, poderão os contratantes especificar domicílio onde se exercitem e cumpram os direitos e obrigações deles resultantes; art. 327 – efetuar-se-á o pagamento no domicílio do devedor, salvo se as partes convencionarem diversamente, ou se o contrário resultar da lei, da natureza da obrigação ou das circunstâncias; art. 330 – o pagamento reiteradamente feito em outro local faz presumir renúncia do credor relativamente ao previsto no contrato; arts. 331 a 333 – do tempo do pagamento; art. 421 a 480 – sobre os contratos em geral.
Código de Processo Civil: art. 273 — sobre tutela antecipada.

Art. 49 O consumidor pode desistir do contrato, no prazo de 7 dias a contar de sua assinatura ou do ato de recebimento do produto ou serviço, sempre que a contratação de fornecimento de produtos e serviços ocorrer fora do estabelecimento comercial, especialmente por telefone ou a domicílio.

Parágrafo único. Se o consumidor exercitar o direito de arrependimento previsto neste artigo, os valores eventualmente pagos, a qualquer título, durante o prazo de reflexão, serão devolvidos, de imediato, monetariamente atualizados.

Normas Correlatas:
Código de Defesa do Consumidor: art. 33 – sobre oferta ou venda por telefone ou reembolso postal; art. 49 – autoriza consumidor a desistir do contrato no prazo de 7 dias.
Código Civil: art. 420 – faculdade às partes de estipular o direito de arrependimento, apesar das arras; art. 428 – condições em que a proposta deixa de ser obrigatória; art. 481 – define contrato de compra e venda.

Art. 50 A garantia contratual é complementar à legal e será conferida mediante termo escrito.

Parágrafo único. O termo de garantia ou equivalente deve ser padronizado e esclarecer, de maneira adequada em que consiste a mesma garantia, bem como a forma, o prazo e o lugar em que pode ser exercitada e os ônus a cargo do consumidor, devendo ser-lhe entregue, devidamente preenchido pelo fornecedor, no ato do fornecimento, acompanhado de manual de instrução, de instalação e uso do produto em linguagem didática, com ilustrações.

Normas Correlatas:

Código de Defesa do Consumidor: art. 14 – independentemente da existência de culpa, o fornecedor de serviços responde pela reparação de danos causados ao consumidor por defeitos relativos à prestação de serviços; art. 18 – os fornecedores de produtos duráveis e não duráveis respondem solidariamente pelos vícios de qualidade ou quantidade que os tornem impróprios ou inadequados ao consumo; art. 24 – garantia legal de adequação do produto ou — decadência do direito de reclamar e hipóteses impeditivas; art. 74 – pune com pena de detenção o fornecedor que deixar de entregar ao consumidor o termo de garantia.

Código Civil: arts. 441 a 446 – do vício redibitório; art. 446 – não correrão os prazos do artigo antecedente na constância de cláusula de garantia; mas o adquirente deve denunciar o defeito ao alienante nos trinta dias seguintes ao seu descobrimento, sob pena de decadência; arts. 447 a 457 – riscos da evicção.

Decreto n. 2.181, de 20.3.1997 — que organiza o Sistema Nacional de Defesa do Consumidor.

Seção II
Das Cláusulas Abusivas

Art. 51 São nulas de pleno direito, entre outras, as cláusulas contratuais relativas ao fornecimento de produtos e serviços que:

I – impossibilitem, exonerem ou atenuem a responsabilidade do fornecedor por vícios de qualquer natureza dos produtos e serviços ou impliquem renúncia ou disposição de direitos. Nas relações de consumo entre o fornecedor e o consumidor pessoa jurídica, a indenização poderá ser limitada, em situações justificáveis;

II – subtraiam ao consumidor a opção de reembolso da quantia já paga, nos casos previstos neste código;

III – transfiram responsabilidades a terceiros;

IV – estabeleçam obrigações consideradas iníquas, abusivas, que coloquem o consumidor em desvantagem exagerada, ou sejam incompatíveis com a boa-fé ou a equidade;

V – (Vetado);

VI – estabeleçam inversão do ônus da prova em prejuízo do consumidor;

VII – determinem a utilização compulsória de arbitragem;

VIII – imponham representante para concluir ou realizar outro negócio jurídico pelo consumidor;

IX – deixem ao fornecedor a opção de concluir ou não o contrato, embora obrigando o consumidor;

X – permitam ao fornecedor, direta ou indiretamente, variação do preço de maneira unilateral;

XI – autorizem o fornecedor a cancelar o contrato unilateralmente, sem que igual direito seja conferido ao consumidor;

XII – obriguem o consumidor a ressarcir os custos de cobrança de sua obrigação, sem que igual direito lhe seja conferido contra o fornecedor;

XIII – autorizem o fornecedor a modificar unilateralmente o conteúdo ou a qualidade do contrato, após sua celebração;

XIV – infrinjam ou possibilitem a violação de normas ambientais;

XV – estejam em desacordo com o sistema de proteção ao consumidor;

XVI – possibilitem a renúncia do direito de indenização por benfeitorias necessárias.

§ 1º Presume-se exagerada, entre outros casos, a vontade que:

I – ofende os princípios fundamentais do sistema jurídico a que pertence;

II – restringe direitos ou obrigações fundamentais inerentes à natureza do contrato, de tal modo a ameaçar seu objeto ou equilíbrio contratual;

III – se mostra excessivamente onerosa para o consumidor, considerando-se a natureza e conteúdo do contrato, o interesse das partes e outras circunstâncias peculiares ao caso.

§ 2º A nulidade de uma cláusula contratual abusiva não invalida o contrato, exceto quando de sua ausência, apesar dos esforços de integração, decorrer ônus excessivo a qualquer das partes.

§ 3º (Vetado).

§ 4º É facultado a qualquer consumidor ou entidade que o represente requerer ao Ministério Público que ajuíze a competente ação para ser declarada a nulidade de cláusula contratual que contrarie o disposto neste código ou de qualquer forma não assegure o justo equilíbrio entre direitos e obrigações das partes.

Normas Correlatas:

Constituição Federal: art. 5º – princípio da isonomia; art. 129 – competência do Ministério Público; art. 225 – proteção do meio ambiente.

Código de Defesa do Consumidor: art. 4º, I – relações de consumo com base na boa-fé e equilíbrio nas relações entre fornecedores e consumidores; art. 6º, VIII – facilitação na defesa dos direitos do consumidor, como inversão do ônus da prova, etc.; art. 13 – casos de responsabilidade do comerciante; art. 18, § 2º, II e III – soluções alternativas para o caso de vício do produto; art. 19, IV – solidariedade dos fornecedores pelos vícios de quantidade do produto e soluções alternativas para o caso; arts. 20 a 23 – vícios do produto; art. 24 – garantia legal de adequação do produto ou serviço independe de termo expresso, vedada a exoneração contratual do fornecedor; art. 25 – veda estipulação de cláusula contratual que exonere ou atenue obrigação de indenizar; art. 35, II – recusa, pelo fornecedor de cumprimento da oferta; arts. 49 a 51 – práticas abusivas; art. 49, parágrafo único – exercício, do consumidor, do direito de arrependimento; art. 52, § 2º – liquidação antecipada do débito pelo consumidor.

Código Civil: art. 78 – nos contratos escritos, poderão os contratantes especificar domicílio onde se exercitem e cumpram os direitos e obrigações deles resultantes; arts. 104, 105, 138 a 184 – contratos de consumo anuláveis por incapacidade relativa do agente ou por vício resultante de erro, dolo, coação, simulação ou fraude; art. 115 – os poderes de representação conferem-se por lei ou pelo interessado; art. 122 – são lícitas, em geral, todas as condições não contrárias à lei, à ordem pública ou aos bons costumes; entre as condições defesas se incluem as que privarem de todo efeito o negócio jurídico, ou o sujeitarem ao puro arbítrio de uma das partes; art. 157 – sobre instituto da lesão; arts. 166 a 184 – da invalidade do negócio jurídico; arts. 205 a 211 – prazos de prescrição e decadência; arts. 421 a 480 – sobre os contratos em geral; art. 421 – função social do contrato; art. 422 – princípio de probidade de boa-fé; art. 424 – nos contratos de adesão, são nulas as cláusulas que estipulem a renúncia antecipada do aderente a direito resultante da natureza do negócio; art. 448 – podem as partes, por cláusula expressa, reforçar, diminuir ou excluir a responsabilidade pela evicção; art. 478 a 480 – da resolução por onerosidade excessiva; art. 485 – a fixação do preço pode ser deixada ao arbítrio de terceiro, que os contratantes logo designarem ou prometerem designar. Se o terceiro não aceitar a incumbência, ficará sem efeito o contrato, salvo quando acordarem os contratantes designar outra pessoa; art. 489 – nulidade de contrato de compra e venda em que uma das partes tem o arbítrio de fixar o preço; art. 491 – não sendo a venda a crédito, o vendedor não é obrigado a entregar a coisa antes de receber o preço; art. 683 – quando o mandato contiver a cláusula de irrevogabilidade e o mandante o revogar, pagará perdas e danos; art. 684 – quando a cláusula de irrevogabilidade for condição de um negócio bilateral, ou tiver sido estipulada no exclusivo interesse do mandatário, a revogação do mandato será ineficaz; arts. 789 a 802 – do seguro de pessoa; arts. 851 a 853 — do compromisso.

Leis:

Lei n. 1.521, de 26.12.1951, art. 4º – usura em contrato.

Lei n. 6.938, de 31.8.1981 — define o que seja meio ambiente.

Lei n. 9.307, de 23.9.1996 — regula o instituto da arbitragem.

Lei n. 9.611, de 19.2.1998 — sobre contratos de transporte multimodal de cargas.

Lei n. 9.656, de 3.6.1998 (com alterações dadas pela MP n. 2.177-44, de 2001) — regula os planos e seguros saúde.

Decreto-lei n. 73, de 21.11.1966 — regula os seguros privados em nosso País.

Medida Provisória n. 2.172-32, de 23.8.2001 — declara a nulidade de estipulações usurárias, notadamente aquelas atinentes a fixação de juros superiores aos limites legais.

Outros Diplomas:

Portaria n. 4, do Ministério da Justiça, de 13.3.1998 — complementa o elenco de cláusulas abusivas previstas no art. 51 do CDC, considerando abusivas as cláusulas que: 1. estabeleçam prazos de carência na prestação ou fornecimento de serviços, em caso de impontualidade das prestações ou mensalidades; 2. imponham, em caso de impontualidade, interrupção de serviço essencial, sem aviso prévio; 3. não restabeleçam integralmente os direitos do consumidor a partir da purgação da mora; 4. impeçam o consumidor de se beneficiar do evento, constante de termo de garantia contratual, que lhe seja mais favorável; 5. estabeleçam a perda total ou desproporcionada das prestações pagas pelo consumidor, em benefício do credor, que, em razão de desistência ou inadimplemento, pleitear a resilição ou resolução do contrato, ressalvada a cobrança judicial de perdas e danos comprovadamente sofridos; 6. estabeleçam sanções, em caso de atraso ou descumprimento da obrigação, somente em desfavor do consumidor; 7. estabeleçam cumulativamente a cobrança de comissão de permanência e correção monetária; 8. elejam foro para dirimir conflitos decorrentes de relações de consumo diverso daquele onde reside o consumidor; 9. obriguem o consumidor ao pagamento de honorários advocatícios sem que haja ajuizamento de ação correspondente; 10. impeçam, restrinjam ou afastem a aplicação das normas do Código de Defesa do Consumidor nos conflitos decorrentes de contratos de transporte aéreo; 11. atribuam ao fornecedor o poder de escolha entre múltiplos índices de reajuste, entre os admitidos legalmente; 12. permitam ao fornecedor emitir títulos de crédito em branco ou livremente circuláveis por meio de endosso na representação de toda e qualquer obrigação assumida pelo consumidor; 13. estabeleçam a devolução de prestações pagas, sem que os valores sejam corrigidos monetariamente; 14. imponham limite ao tempo de internação hospitalar, que não o prescrito pelo médico.

Portaria n. 3, do Ministério da Justiça, de 19.3.1999 — complementa o elenco de cláusulas abusivas previstas no art. 51 do CDC, considerando abusivas as cláusulas que: 1. determinem aumentos de prestações nos contratos de planos e seguros de saúde, firmados anteriormente à Lei n. 9.656/1998, por mudanças de faixas etárias sem previsão expressa e definida; 2. imponham, em contratos de planos de saúde firmados anteriormente à Lei n. 9.656/1998, limites ou restrições a procedimentos médicos (consultas, exames médicos, laboratoriais e internações hospitalares, UTI e similares) contrariando prescrição médica; 3. permitam ao fornecedor de serviço essencial (água, energia elétrica, telefonia) incluir na conta, sem autorização expressa do consumidor, a cobrança de outros serviços. Excetuam-se os casos em que a prestadora do serviço essencial informe e disponibilize gratuitamente ao consumidor a opção de bloqueio prévio da cobrança ou utilização dos serviços de valor adicionado; 4. estabeleçam prazos de carência para cancelamento do contrato de cartão de crédito; 5. imponham o pagamento antecipado referente a períodos superiores a 30 dias pela prestação de serviços educacionais ou similares; 6. estabeleçam, nos contratos de prestação de serviços educacionais, a vinculação à aquisição de outros produtos ou serviços; 7. estabeleçam que o consumidor reconheça que o contrato acompanhado do extrato demonstrativo da conta-corrente bancária constituem título executivo extrajudicial, para os fins do art. 585, II, do Código de Processo Civil; 8. estipulem o reconhecimento, pelo consumidor, de que os valores lançados no extrato da conta-corrente ou na fatura do cartão de crédito constituem dívida líquida, certa e exigível; 9. estabeleçam a cobrança de juros capitalizados mensalmente; 10. imponham, em contratos de consórcios, o pagamento de percentual a título de taxa de administração futura, pelos consorciados desistentes ou excluídos; 11. estabeleçam, nos contratos de prestação de serviços educacionais e similares, multa moratória superior a 2% (dois por cento); 12. exijam a assinatura de duplicatas, letras de câmbio, notas promissórias ou quaisquer outros títulos de crédito em branco; 13. subtraiam ao consumidor, nos contratos de seguro, o recebimento de valor inferior ao contratado na apólice. 14. prevejam em contratos de arrendamento mercantil (leasing) a exigência, a título de indenização, do pagamento das parcelas vincendas, no caso de restituição do bem; 15. estabeleçam, em contrato de arrendamento mercantil *(leasing)*, a exigência do pagamento antecipado do Valor Residual Garantido (VRG), sem previsão de devolução desse montante, corrigido monetariamente, se não exercida a opção de compra do bem.

Portaria n. 3, do Ministério da Justiça, de 15.3.2001 — complementa o elenco de cláusulas abusivas previstas no art. 51 do CDC, considerando abusivas as cláusulas que: 1. estipule presunção de conhecimento por parte do consumidor de fatos novos não previstos em contrato; 2. estabeleça restrições ao direito do consumidor de questionar nas esferas administrativa e judicial possíveis lesões decorrentes de contrato por ele assinado; 3. imponha a perda de parte significativa das prestações já quitadas em situações de venda a crédito, em caso de desistência por justa causa ou impossibilidade de cumprimento da obrigação pelo consumidor; 4. estabeleça cumulação de multa rescisória e perda do valor das arras; 5. estipule a utilização expressa ou não, de juros capitalizados nos contratos civis; 6. autorize, em virtude de inadimplemento, o não fornecimento ao consumidor de informações de posse do fornecedor, tais como: histórico escolar, registros médicos, e demais do gênero; 7. autorize o envio do nome do consumidor e/ou seus garantes a cadastros de consumidores (SPC, SERASA, etc.), enquanto houver discussão em juízo relativa à relação de consumo; 8. considere, nos contratos bancários, financeiros e de cartões de crédito, o silêncio do consumidor, pessoa física, como aceitação tácita dos valores cobrados, das informações prestadas nos extratos ou aceitação de modificações de índices ou de quaisquer alterações contratuais; 9. permita à instituição bancária retirar da conta-corrente do consumidor ou cobrar restituição deste dos valores usados por terceiros, que de forma ilícita estejam de posse de seus cartões bancários ou cheques, após comunicação de roubo, furto ou desaparecimento suspeito ou requisição de bloqueio ou final de conta; 10. exclua, nos contratos de seguro de vida, a cobertura de evento decorrente de doença preexistente, salvo as hipóteses em que a seguradora comprove que o consumidor tinha conhecimento da referida doença à época da contratação; 11. limite temporalmente, nos contratos de seguro de responsabilidade civil, a cobertura apenas às reclamações realizadas durante a vigência do contrato, e não ao evento ou sinistro ocorrido durante a vigência; 12. preveja, nos contratos de seguro de automóvel, o ressarcimento pelo valor de mercado, se inferior ao previsto no contrato; 13. impeça o consumidor de acionar, em caso de erro médico, diretamente a operadora ou cooperativa que organiza ou administra o plano privado de assistência à saúde; 14. estabeleça, no contrato de venda e compra de imóvel, a incidência de juros antes da entrega das chaves; 15. preveja, no contrato de promessa de venda e compra de imóvel, que o adquirente autorize ao incorporador alienante constituir hipoteca do terreno e de suas acessões (unidades construídas) para garantir dívida da empresa incorporadora, realizada para financiamento de obras; 16. vede, nos serviços educacionais, em face de desistência pelo consumidor, a restituição de valor pago a título de pagamento antecipado de mensalidade.

Portaria n. 5, do Ministério da Justiça, de 27.8.2002 — complementa o elenco de cláusulas abusivas previstas no art. 51 do CDC, considerando abusivas as cláusulas que: I – autorize o envio do nome do consumidor, e/ou seus garantes, a bancos de dados e cadastros de consumidores, sem comprovada notificação prévia; II – imponha ao consumidor, nos contratos de adesão, a obrigação de manifestar-se contra a transferência, onerosa ou não, para terceiros, dos dados cadastrais confiados ao fornecedor; III – autorize o fornecedor a investigar a vida privada do consumidor; IV – imponha em contratos de seguro-saúde, firmados anteriormente à Lei n. 9.656, de 3 de junho de 1998, limite temporal para internação hospitalar; V – prescreva, em contrato de plano de saúde ou seguro-saúde, a não cobertura de doenças de notificação compulsória.

Portaria n. 7, de 3.9.2003 — considerando abusiva a interrupção da internação hospitalar em leito clínico, cirúrgico ou em centro de terapia intensiva ou similar, por motivos alheios às prescrições médicas.

Circular n. 380, de 29.12.2008, da Superintendência de Seguros Privados — SUSEP — sobre os controles internos específicos para a prevencao e combate dos crimes de "lavagem" ou ocultação de bens, direitos e valores, ou que com eles possam relacionar-se, o acompanhamento das operações realizadas e as propostas de operações com pessoas politicamente expostas, bem como a prevenção e coação do financiamento ao terrorismo.

Art. 52
No fornecimento de produtos ou serviços que envolva outorga de crédito ou concessão de financiamento ao consumidor, o fornecedor deverá, entre outros requisitos, informá-lo prévia e adequadamente sobre:

I – preço do produto ou serviço em moeda corrente nacional;

II – montante dos juros de mora e da taxa efetiva anual de juros;

III – acréscimos legalmente previstos;

IV – número e periodicidade das prestações;

V – soma total a pagar, com e sem financiamento.

§ 1º As multas de mora decorrentes do inadimplemento de obrigações no seu termo não poderão ser superiores a dois por cento do valor da prestação.
(Nova redação dada pela Lei n. 9.298, de 1º.8.1996)

§ 2º É assegurado ao consumidor a liquidação antecipada do débito, total ou parcialmente, mediante redução proporcional dos juros e demais acréscimos.

§ 3º (Vetado).

Normas Correlatas:

Código de Defesa do Consumidor: art. 51 – cláusulas contratuais abusivas; art. 56 – sanções administrativas; art. 57 – graduação da multa aos infratores do Código de Defesa do Consumidor.

Código Civil: art. 315 – as dívidas em dinheiro deverão ser pagas no vencimento, em moeda corrente e pelo valor nominal, salvo o disposto nos artigos subsequentes; art. 318 – são nulas as convenções de pagamento em ouro ou em moeda estrangeira, bem como para compensar a diferença entre o valor desta e o da moeda nacional, excetuados os casos previstos na legislação especial; art. 394 – define o que seja mora do devedor; arts. 389 e seguintes — sobre consequências do não cumprimento das obrigações; arts. 394 a 401 – sobre mora; art. 412 – o valor da cominação imposta na cláusula penal não pode exceder o da obrigação principal; arts. 481 a 504 – sobre o contrato de compra e venda.

Lei n. 4.595, de 31.12.1964, art. 4º, VI – atribui competência ao Conselho Monetário Nacional para disciplinar o crédito em todas as suas modalidades.

Art. 53 Nos contratos de compra e venda de móveis ou imóveis mediante pagamento em prestações, bem como nas alienações fiduciárias em garantia, consideram-se nulas de pleno direito as cláusulas que estabeleçam a perda total das prestações pagas em benefício do credor que, em razão do inadimplemento, pleitear a resolução do contrato e a retomada do produto alienado.

§ 1º (Vetado).

§ 2º Nos contratos do sistema de consórcio de produtos duráveis, a compensação ou a restituição das parcelas quitadas, na forma deste artigo, terá descontada, além da vantagem econômica auferida com a fruição, os prejuízos que o desistente ou inadimplente causar ao grupo.

§ 3º Os contratos de que trata o *caput* deste artigo serão expressos em moeda corrente nacional.

Normas Correlatas:

Constituição Federal: art. 5º, LXVII – proíbe prisão por dívida, ressalvados os casos de pensão alimentícia e de depositário infiel.

Código de Defesa do Consumidor: art. 51 – cláusulas contratuais abusivas; art. 52 – no fornecimento de produtos ou serviços, a crédito, o consumidor deve receber informações sobre o preço, montante dos juros de mora, da taxa anual de juros, de acréscimos admitidos em lei, número e periodicidade das prestações e soma total a pagar, com ou sem financiamento.

Código Civil: arts. 79 a 81 – sobre bens imóveis; arts. 82 a 84 – sobre bens móveis.

Leis:

Lei n. 4.728, de 14.7.1965, art. 66-B, incluído pela Lei. n. 10.931/2004 — sobre alienação fiduciária.

Lei n. 9.609, de 19.2.1998 — sobre propriedade intelectual de programa de computador.

Lei n. 9.610, de 19.2.1998 — consolida legislação sobre direitos autorais.

Lei n. 11.795, de 8.10.2008 — Lei de Consórcios.

Leis sobre contratos imobiliários — 4.380, de 21.8.1964; 4.864, de 29.11.1965; 5.455, de 19.6.1968; 5.741, de 1º.12.1971; 6.748, de 10.12.1979; 7.989, de 28.12.1989; 8.004, de 14.3.1990; 8.100, de 5.12.1990; 8.692, de 28.7.1993; 9.069, de 29.5.1995, MP n. 2.197-43, de 24.8.2001.

Outros Diplomas:

Circular n. 3.432, de 3.3.2009, do Banco Central do Brasil — sobre consórcios.

Resolução do Banco Central n. 1.969, de 30.9.1992 — estabelece critérios a serem observados nas operações de arrendamento mercantil externo *(leasing)*.

Seção III
Dos Contratos de Adesão

Art. 54 Contrato de adesão é aquele cujas cláusulas tenham sido aprovadas pela autoridade competente ou estabelecidas unilateralmente pelo fornecedor de produtos ou serviços, sem que o consumidor possa discutir ou modificar substancialmente seu conteúdo.

§ 1º A inserção de cláusula no formulário não desfigura a natureza de adesão do contrato.

§ 2º Nos contratos de adesão admite-se cláusula resolutória, desde que a alternativa, cabendo a escolha ao consumidor, ressalvando-se o disposto no § 2º do artigo anterior.

§ 3º Os contratos de adesão escritos serão redigidos em termos claros e com caracteres ostensivos e legíveis, cujo tamanho da fonte não será inferior ao corpo doze, de modo a facilitar sua compreensão pelo consumidor.
(Nova redação dada pela Lei n. 11.785/2008)

§ 4º As cláusulas que implicarem limitação de direito do consumidor deverão ser redigidas com destaque, permitindo sua imediata e fácil compreensão.

§ 5º (Vetado).

Normas Correlatas:

Código de Defesa do Consumidor: art. 18, § 2º, *in fine* – o prazo do contrato de adesão deve ser convencionado em separado; art. 39, IX – veda cláusula sem estipular prazo para cumprimento da obrigação; art. 51, § 2º – anula contrato que seja ilegível.

Código Civil: art. 122 – são lícitas, em geral, todas as condições não contrárias à lei, à ordem pública ou aos bons costumes; entre as condições defesas se incluem as que privarem de todo efeito o negócio jurídico, ou o sujeitarem ao puro arbítrio de uma das partes; art. 423 – quando houver no contrato de adesão cláusulas ambíguas ou contraditórias, dever-se-á adotar a interpretação mais favorável ao aderente; art. 424 – nos contratos de adesão, são nulas as cláusulas que estipulem a renúncia antecipada do aderente a direito resultante da natureza do negócio.

Lei n. 9.307, de 23.9.1996 — regula o instituto da arbitragem.

Capítulo VII
Das Sanções Administrativas

Art. 55 A União, os Estados e o Distrito Federal, em caráter concorrente e nas suas respectivas áreas de atuação administrativa, baixarão normas relativas à produção, industrialização, distribuição e consumo de produtos e serviços.

§ 1º A União, os Estados, o Distrito Federal e os Municípios fiscalizarão e controlarão a produção, industrialização, distribuição, a publicidade de produtos e serviços e o mercado de consumo, no interesse da preservação da vida, da saúde, da segurança, da informação e do bem-estar do consumidor, baixando as normas que se fizerem necessárias.

§ 2º (Vetado).

§ 3º Os órgãos federais, estaduais, do Distrito Federal e municipais com atribuições para fiscalizar e controlar o mercado de consumo manterão comissões permanentes para elaboração, revisão e atualização das normas referidas no § 1º, sendo obrigatória a participação dos consumidores e fornecedores.

§ 4º Os órgãos oficiais poderão expedir notificações aos fornecedores para que, sob pena de desobediência, prestem informações sobre questões de interesse do consumidor, resguardado o segredo industrial.

Normas Correlatas:

Código de Defesa do Consumidor: art. 6º, III – direito do consumidor à informação adequada sobre os diferentes produtos e serviços.

Constituição Federal: arts. 21, VIII, XI, XII, e 22, I, IV, V, VII, VIII, XXI, XIX, XX e XXIX – dando competência privativa à União para legislar certas matérias relacionadas com o consumo; art. 23, II, VIII e IX – relaciona casos, em conexão com relações de consumo, de competência comum da União, dos Estados, do Distrito Federal e dos Municípios.

Leis:

Lei n. 8.656, de 21.5.1993 — determina prazo para o poder executivo regulamentar as sanções administrativas previstas no Capítulo VII do Título I deste Código.

Lei n. 9.294, de 15.7.1996 — proíbe o uso de cigarros, cigarrilhas, charutos, cachimbos, ou de qualquer outro produto fumígeno derivado do tabaco, em recinto coletivo, privado ou público, tais como, repartições públicas, hospitais, salas de aula, bibliotecas, ambientes de trabalho, teatros e cinemas, exceto em fumódromos e trata da propaganda comercial desses produtos.

Lei n. 13.541, de 7.5.09, do Estado de São Paulo, regulamentada pelo Decreto Estadual n. 54.311, de 7.5.09 — proíbe o consumo de cigarros, cigarrilhas, charutos, cachimbos ou de qualquer outro produto fumígeno, derivado ou não do tabaco, em ambientes de uso coletivo, total ou parcialmente fechados. *(Nota do Autor: esta lei estadual é mais rigorosa do que a lei federal, pois não permite os "fumódromos" dentro dos locais públicos ou privados)*

Decretos:

Decreto s/n, de 28.9.1995 — cria a Comissão Nacional Permanente de Defesa do Consumidor.

Decreto n. 2.018, de 1.10.1996 — regulamenta a Lei n. 9.294/1996, definindo os conceitos de recinto coletivo e área devidamente isolada e destinada exclusivamente ao tabagismo e dispondo sobre a propaganda e embalagem desses produtos.

Decreto n. 2.181, de 20.3.1997, que organiza o Sistema Nacional de Defesa do Consumidor: arts. 18 a 28 — relacionam penalidades administrativas.

Outros Diplomas:

Portaria Interministerial n. 477 dos Ministérios da Saúde, Justiça e Comunicações, de 24.3.1995 — sobre o teor das advertências sobre os males causados pelo consumo do tabaco.

Portaria n. 789, do Ministério da Justiça, de 24.8.2001 — dispõe sobre a periculosidade de produtos e serviços já introduzidos no mercado de consumo e regulamenta o chamamento dos consumidores, conhecido como *recall*.

Portaria n. 21, PROCON/SP, de 12.4.2005 — dispõe sobre o procedimento aplicável às consultas e reclamações de consumidores e sua divulgação por meio do banco de dados e do cadastro de reclamações fundamentadas.

Art. 56 As infrações das normas de defesa do consumidor ficam sujeitas, conforme o caso, às seguintes sanções administrativas, sem prejuízo das de natureza civil, penal e das definidas em normas específicas:

I – multa;

II – apreensão do produto;

III – inutilização do produto;

IV – cassação do registro do produto junto ao órgão competente;

V – proibição de fabricação do produto;

VI – suspensão de fornecimento de produtos ou serviço;

VII – suspensão temporária de atividade;

VIII – revogação de concessão ou permissão de uso;

IX – cassação de licença do estabelecimento ou de atividade;

X – interdição, total ou parcial, de estabelecimento, de obra ou de atividade;

XI – intervenção administrativa;

XII – imposição de contrapropaganda.

Parágrafo único. As sanções previstas neste artigo serão aplicadas pela autoridade administrativa, no âmbito de sua atribuição, podendo ser aplicadas cumulativamente, inclusive por medida cautelar, antecedente ou incidente de procedimento administrativo.

Normas Correlatas:

Constituição Federal: art. 5º, LV – direito do infrator à defesa, ao contraditório e a recurso.

Código de Defesa do Consumidor: art. 57 – graduação da multa aos infratores do Código de Defesa do Consumidor; art. 59 – as penas de cassação de alvará de licença, de interdição e de suspensão temporária da atividade, bem como a de intervenção administrativa, serão aplicadas mediante procedimento administrativo, assegurada ampla defesa, quando o fornecedor reincidir na prática das infrações de maior gravidade previstas neste código e na legislação de consumo; art. 60 – imposição da pena de contrapropaganda ao fornecedor que incorrer na prática de publicidade enganosa ou abusiva.

Leis:

Lei n. 7.347, de 24.7.1985: art. 13 – havendo condenação em dinheiro, a indenização pelo dano causado reverterá a um Fundo gerido por um Conselho Federal ou por Conselhos Estaduais de que participarão necessariamente o Ministério Público e representantes da comunidade, sendo seus recursos destinados à reconstituição dos bens lesados.

Lei n. 9.784, de 29.1.1999 — traçando as linhas básicas do processo administrativo da União.

Lei n. 9.832, de 14.9.1999 — proíbe o uso industrial de embalagens metálicas soldadas com liga de chumbo e estanho para acondicionamento de gêneros alimentícios, exceto para produtos secos ou desidratados.

Lei n. 10.742, de 6.10.2003 — define normas de regulação para o setor farmacêutico e cria a Câmara de Regulação do Mercado de Medicamentos — CMED.

Decreto n. 2.181, de 20.3.1997 — organiza o Sistema Nacional de Defesa do Consumidor: art. 29 – dispõe que a multa reverte para o Fundo pertinente à pessoa jurídica de direito público que impuser a sanção, gerido pelo respectivo Conselho Gestor.

Art. 57 A pena de multa, graduada de acordo com a gravidade da infração, a vantagem auferida e a condição econômica do fornecedor, será aplicada mediante procedimento administrativo, revertendo para o Fundo de que trata a Lei n. 7.347, de 24 de julho de 1985, os valores cabíveis à União, ou para os Fundos estaduais ou municipais de proteção ao consumidor nos demais casos. *(Nova redação dada pela Lei n. 8.656/1993)*

Parágrafo único. A multa será em montante não inferior a duzentas e não superior a três milhões de vezes o valor da Unidade Fiscal de Referência (UFIR), ou índice equivalente que venha a substituí-lo. *(Acrescentado pela Lei n. 8.703/1993)*

Normas Correlatas:

Constituição Federal: art. 5º, XLV – nenhuma pena passará da pessoa do condenado, podendo a obrigação de reparar o dano e a decretação do perdimento de bens ser, nos termos da lei, estendidas aos sucessores e contra eles executada, até o limite do valor do patrimônio transferido; art. 24, V – compete à União, aos Estados e ao Distrito Federal legislar concorrentemente sobre produção e consumo.

Código de Defesa do Consumidor: art. 39 – infringência a seus dispositivos acarreta multa.

Leis:

Lei n. 7.347, de 24.7.1985: art. 13 – determina que a condenação em dinheiro seja recolhida a um Conselho Federal ou a Conselhos Estaduais, com a participação do Ministério Público para reconstituição dos bens lesados.

Lei n. 9.008, de 21.3.1995 — cria, no Ministério da Justiça, o Conselho Federal Gestor do Fundo de Defesa de Direitos Difusos.

Decretos:

Decreto n. 1.306, de 11.6.1994 — regulamenta o Fundo de Defesa dos Direitos Difusos, de que tratam os arts. 13 e 20 da Lei n. 7.347, de 24.7.1985.

Decreto n. 2.181, de 20.3.1997 — que organiza o Sistema Nacional de Defesa do Consumidor: arts. 33 a 55 — regulam o processo administrativo sobre infrações a este Código, dentro das linhas gerais traçadas pela Lei n. 9.784, de 29.1.1999.

Portaria n. 26, do PROCON/SP — dispõe sobre o procedimento sancionatório na violação às normas de proteção e defesa do consumidor.

Art. 58 As penas de apreensão, de inutilização de produtos, de proibição de fabricação de produtos, de suspensão do fornecimento de produto ou serviço, de cassação do registro do produto e revogação da concessão ou permissão de uso serão aplicadas pela administração, mediante procedimento administrativo, assegurada ampla defesa, quando forem constatados vícios de quantidade ou de qualidade por inadequação ou insegurança do produto ou serviço.

Normas Correlatas:

Constituição Federal: art. 174 – como agente normativo e regulador da atividade econômica, o Estado exercerá, na forma da lei, as funções de fiscalização, incentivo e planejamento, sendo este determinante para o setor público e indicativo para o setor privado; art. 175 – incumbe ao Poder Público, nas formas da lei, diretamente ou sob regime de concessão ou permissão, sempre através de licitação, a prestação de serviços públicos; art. 178 – a lei disporá sobre a ordenação dos transportes aéreo, aquático e terrestre, devendo, quanto à ordenação do transporte internacional, observar os acordos firmados pela União, atendido o princípio da reciprocidade.

Código de Defesa do Consumidor: art. 18 – alude aos produtos impróprios para o consumo; art. 19 – responsabilidade solidária dos fornecedores pelos vícios de qualidade do produto e soluções alternativas à escolha do consumidor.

Leis:

Lei n. 8.987, de 13.2.1995 — dispondo sobre regime de concessão e permissão da prestação de serviços públicos.

Lei n. 9.074, de 7.7.1995 — sobre outorga e prorrogação das concessões e permissões de serviços públicos.

Lei n. 9.611, de 19.2.1998 — dispondo sobre transporte multimodal de cargas.

Decreto n. 2.181, de 20.3.1997 — organiza o Sistema Nacional de Defesa do Consumidor: arts. 33 a 55 — regulam o processo administrativo, mas com observância da Lei n. 9.784, de 29.1.1999.

Art. 59 As penas de cassação de alvará de licença, de interdição e de suspensão temporária da atividade, bem como a de intervenção administrativa, serão aplicadas mediante procedimento administrativo, assegurada ampla defesa, quando o fornecedor reincidir na prática das infrações de maior gravidade previstas neste código e na legislação de consumo.

§ 1º A pena de cassação da concessão será aplicada à concessionária de serviço público, quando violar obrigação legal ou contratual.

§ 2º A pena de intervenção administrativa será aplicada sempre que as circunstâncias de fato desaconselharem a cassação de licença, a interdição ou suspensão da atividade.

§ 3º Pendendo ação judicial na qual se discuta a imposição de penalidade administrativa, não haverá reincidência até o trânsito em julgado da sentença.

Normas Correlatas:

Constituição Federal: art. 5º, XIII – é livre o exercício de qualquer trabalho, ofício ou profissão, atendidas as qualificações profissionais que a lei estabelecer.

Código de Defesa do Consumidor: art. 6º, X – direito básico do consumidor à adequada e eficaz prestação dos serviços públicos em geral; art. 22 – os órgãos públicos, por si ou suas empresas concessionárias, permissionárias ou sob qualquer outra forma de empreendimento, são obrigados a fornecer serviços adequados, eficientes e, quanto aos essenciais, contínuos.

Leis:

Lei n. 8.934, de 18.11.1994 — dispõe sobre o registro público de empresas mercantis. O Decreto n. 1.800, de 30.1.1996 regulamenta essa lei.

Lei n. 9.784, de 29.1.1999 e Decreto n. 2.181, de 20.3.1997 — sobre processo administrativo na esfera federal.

Lei n. 9.791, de 24.3.1999 — sobre a obrigatoriedade de as concessionárias de serviços públicos estabelecerem ao consumidor e ao usuário datas opcionais para o vencimento de seus débitos.

Decretos:

Decreto n. 89.309, de 18.1.1984 — sobre representação da União nas empresas estatais e controle dos interesses da Fazenda Nacional nas empresas estatais.

Decreto n. 916, de 24.10.1890 — cria o registro de firmas ou razões comerciais.

Art. 60 A imposição de contrapropaganda será cominada quando o fornecedor incorrer na prática de publicidade enganosa ou abusiva, nos termos do art. 36 e seus parágrafos, sempre às expensas do infrator.

§ 1º A contrapropaganda será divulgada pelo responsável da mesma forma, frequência e dimensão e, preferencialmente no mesmo veículo, local, espaço e horário, de forma capaz de desfazer o malefício da publicidade enganosa ou abusiva.

§ 2º (Vetado).

§ 3º (Vetado).

Normas Correlatas:

Código de Defesa do Consumidor: art. 37 – define e proíbe a publicidade enganosa ou abusiva; art. 67 – fazer ou promover publicidade que sabe ou deveria saber ser enganosa ou abusiva: pena de detenção de três meses a um ano e multa.

Decreto n. 2.181, de 20.3.1997 — organiza o Sistema Nacional de Defesa do Consumidor (arts. 18 e 47).

TÍTULO II
DAS INFRAÇÕES PENAIS

Art. 61 Constituem crimes contra as relações de consumo previstas neste código, sem prejuízo do disposto no Código Penal e leis especiais, as condutas tipificadas nos artigos seguintes.

Normas Correlatas:

Código Penal: art. 12 – manda aplicar suas disposições aos fatos incriminados por lei especial, se esta não dispuser em contrário; art. 171 – estelionato; art. 175 – fraude no comércio contra consumidor; art. 184, § 1º – violação de direito autoral com dano ao consumidor; art. 272 – corrupção, adulteração ou falsificação de substância alimentícia ou medicinal; art. 273 – alteração de substância alimentícia; art. 274 – emprego de processo proibido ou de substância não permitida; art. 275 – invólucro ou recipiente com falsa indicação; art. 276 – venda de produtos alimentícios ou medicinais com rótulo com falsa indicação, com substância proibida; art. 278 – venda de produtos nocivos à saúde; art. 280 – fornecer substância medicinal em desacordo com receita médica; art. 303 – reprodução ou adulteração de selo ou peça filatélica.

Código Civil: arts. 1.331 a 1.358 — tratam do condomínio edilício.

Leis:

Lei complementar n. 109, de 29.5.2001 — dispõe sobre o Regime da Previdência Complementar.

Lei n. 1.521, de 26.12.1951 — crimes contra a economia popular: arts. 2º, 3º e 4º.

Lei delegada n. 4, de 26.9.1962 — autoriza intervenção no domínio econômico para assegurar livre distribuição de produtos necessários ao consumo do povo.

Lei n. 4.591, de 16.12.1964 — sobre condomínio em edificações: art. 65 – estabelece que é crime contra economia popular promover incorporação com informações falsas sobre o condomínio; art. 66 – enumera contravenções contra economia popular.

Lei n. 4.728, de 14.7.1965 — disciplina o mercado de capitais: art. 73 – impressão e venda irregulares de ações ou cautelas; art. 74 – colocar no mercado ações falsas de sociedade anônima.

Lei n. 6.766, de 19.12.1979 — dispõe sobre parcelamento do solo: art. 50 – crime de loteamento ou desmembramento do solo em desacordo com a lei; art. 51 – registro de loteamento ou desmembramento do solo não aprovado pelos órgãos competentes.

Lei n. 7.492, de 16.6.1986 — crimes contra o sistema financeiro: art. 5º – apropriação, pela instituição financeira, de títulos e valores que lhe foram confiados; art. 7º – emissão e venda de títulos falsos ou falsificados; art. 8º – exigência irregular de juros, comissão ou taxa sobre operação de crédito ou seguro em desacordo com a lei específica; art. 9º – fraudar a fiscalização do consumidor com falsas declarações.

Lei n. 7.802, de 11.7.1989, regulamentada pelo Decreto n. 4.074 de 4.1.2002 — sobre produção e comercialização de agrotóxicos: art. 14 – hipóteses que definem a responsabilidade civil, administrativa e penal de quem causa danos à saúde das pessoas e ao meio ambiente; art. 15 – crime do prestador de serviço na aplicação de agrotóxicos por descumprir exigências legais e administrativas; art. 16 – crime do empregador, profissional responsável ou prestador de serviço que não cumpre medidas necessárias à proteção à saúde e ao meio ambiente.

Lei n. 8.137, de 27.12.1990 — crimes contra ordem tributária e relações de consumo: arts. 4º, 5º e 6º – crimes contra a ordem econômica; art. 7º – crimes contra relações de consumo.

Lei n. 8.245, de 18.10.1991 — locação de imóveis: art. 43 – exigir do locatário o que não está previsto na lei; art. 44 – recusa de fornecimento de recibo.

Lei n. 8.884, de 11.6.1994 — dispõe sobre a prevenção e a repressão às infrações contra a ordem econômica: art. 20 – constitui infração da ordem econômica limitar, falsear ou prejudicar a livre concorrência ou livre-iniciativa e dominar mercado relevante de bens ou serviços; art. 21 – lista de infrações da ordem econômica que prejudicam o consumidor.

Lei n. 8.935, de 16.11.1994 — dispondo sobre serviços notariais e de registro (Lei do cartório): art. 24 – responsabilidade criminal será individualizada; art. 37, parágrafo único — sendo crime de ação pública, intervém o Ministério Público.

Lei n. 9.069, de 29.6.1995 — dispõe sobre o Plano Real: art. 59 – estabelece que a prática de atos que configurem crimes contra a ordem tributária (Lei n. 8.137, de 27.12.1990), bem como a falta de emissão de notas fiscais pela empresa acarretarão a perda de incentivos e outros benefícios previstos na legislação tributária.

Lei n. 9.279, de 14.5.1996 — regulando direitos e obrigações relativos à propriedade industrial.

Lei n. 9.294, de 15.7.1996 — proíbe o uso de cigarros, cigarrilhas, charutos, cachimbos, ou de qualquer outro produto fumígeno derivado do tabaco, em recinto coletivo, privado ou público, tais como, repartições públicas, hospitais, salas de aula, bibliotecas, ambientes de trabalho, teatros e cinemas, exceto em fumódromos e trata da propaganda comercial desses produtos.

Lei n. 9.695, de 20.8.1998 — alterando as Leis ns. 6.437, de 20.8.1977 e 8.072, de 25.7.1990, dispondo sobre infrações penais relacionadas com o consumo.

Lei n. 9.832, de 14.9.1999 — proíbe o uso industrial de embalagens metálicas soldadas com liga de chumbo e estanho para acondicionamento de gêneros alimentícios, exceto para produtos secos ou desidratados.

Decretos:

Decreto-lei n. 3.688, de 3.10.1941 — Lei das contravenções penais: art. 30 – perigo de desabamento; art. 48 – exercício ilegal do comércio de coisas antigas e obras de arte.

Decreto n. 2.018, de 1º.10.1996 — regulamenta a Lei n. 9.294/1996, definindo os conceitos de recinto coletivo e área devidamente isolada e destinada exclusivamente ao tabagismo e dispondo sobre a propaganda e embalagem desses produtos.

Art. 62 (Vetado).

Art. 63 Omitir dizeres ou sinais ostensivos sobre a nocividade ou periculosidade de produtos, nas embalagens, nos invólucros, recipientes ou publicidade:

Pena — Detenção de seis meses a dois anos e multa.

§ 1º Incorrerá nas mesmas penas quem deixar de alertar, mediante recomendações escritas ostensivas, sobre a periculosidade do serviço a ser prestado.

§ 2º Se o crime é culposo:

Pena — Detenção de um a seis meses ou multa.

Normas Correlatas:

Código de Defesa do Consumidor: art. 9º – o fornecedor de produtos ou serviços potencialmente nocivos ou perigosos à saúde ou segurança, deverá informar, de maneira ostensiva e adequada, a respeito da sua nocividade ou periculosidade; art. 12 – o fornecedor responde por danos devidos à insuficiência ou inadequação sobre a utilização e riscos de produto e serviço; art. 66 – é crime, punível com pena de detenção, fazer afirmação falsa ou enganosa ou omitir informação relevante sobre produtos ou serviços.

Código Penal: art. 43 — enumera penas restritivas de direitos.

Art. 64 Deixar de comunicar à autoridade competente e aos consumidores a nocividade ou periculosidade de produtos cujo conhecimento seja posterior à sua colocação no mercado:

Pena — Detenção de seis meses a dois anos e multa.

Parágrafo único. Incorrerá nas mesmas penas quem deixar de retirar do mercado, imediatamente quando determinado pela autoridade competente, os produtos nocivos ou perigosos, na forma deste artigo.

Normas Correlatas:

Código de Defesa do Consumidor: art. 10, § 1º – o fornecedor de produtos e serviços que, posteriormente à sua introdução no mercado de consumo, tiver conhecimento da periculosidade que apresentem, deverá comunicar o fato imediatamente às autoridades competentes e aos consumidores, mediante anúncios publicitários; art. 56 – sanções administrativas.

Código Penal: arts. 69 e 70 – sobre concursos material e formal.

Leis:

Lei n. 6.360, de 23.9.1976 — sobre vigilância sanitária a que ficam sujeitos os medicamentos, drogas e insumos farmacêuticos.

Lei n. 6.437, de 20.8.1977 — sobre infrações à legislação sanitária federal.

Lei n. 8.072, de 25.7.1990 (inciso incluído pela Lei n. 9.695/1998) — art. 1º-VII-b — considera como crime hediondo falsificação, corrupção, adulteração ou alteração de produto destinado a fins terapêuticos ou medicinais.

Lei n. 9.782, de 26.1.1999 — cria a Agência Nacional de Vigilância Sanitária — ANVISA, incumbida de regulamentar, controlar e fiscalizar os produtos que envolvam risco à saúde pública, incluindo medicamentos, alimentos, bebidas, cosméticos e produtos de higiene pessoal e perfumes, saneantes domiciliares, hospitalares e coletivos, equipamentos e materiais médico-hospitalares, odontológicos e hemoterápicos e de diagnóstico laboratorial e por imagem, radioisótopos para uso diagnóstico, cigarros, cigarrilhas e charutos.

Decretos:

Decreto n. 3.029, de 16.4.1999 — aprova o Regulamento da Agência Nacional de Vigilância Sanitária.

Decreto n. 4.680, de 24.4.2003 — regulamenta o direito à informação quanto aos alimentos e ingredientes alimentares destinados ao consumo humano ou animal que contenham ou sejam produzidos a partir de organismos geneticamente modificados.

Portaria n. 2.814, do Ministério da Saúde, de 29.5.1998 — estabelece procedimentos a serem observados pelas empresas produtoras, importadoras, distribuidoras e do comércio farmacêutico, objetivando a comprovação, em caráter de urgência, da identidade e qualidade de medicamento, objeto de denúncia sobre possível falsificação, adulteração e fraude.

Art. 65 Executar serviço de alto grau de periculosidade, contrariando determinação de autoridade competente:

Pena — Detenção de seis meses a dois anos e multa.

Parágrafo único. As penas deste artigo são aplicáveis sem prejuízo das correspondentes à lesão corporal e à morte.

Normas Correlatas:
Constituição Federal: art. 5º, XXXIX — não há crime sem lei anterior que o defina, nem pena sem prévia cominação legal.
Código de Defesa do Consumidor: art. 3º, § 2º – conceito de serviço; art. 10 – o fornecedor não poderá colocar no mercado de consumo produto ou serviço que sabe ou deveria saber apresentar alto grau de nocividade ou periculosidade à saúde ou segurança.
Código Penal: art. 19 – pelo resultado que agrava especialmente a pena, só responde o agente que o houver causado ao menos culposamente.

Art. 66 Fazer afirmação falsa ou enganosa, ou omitir informação relevante sobre a natureza, característica, qualidade, quantidade, segurança, desempenho, durabilidade, preço ou garantia de produtos ou serviços:

Pena — Detenção de três meses a um ano e multa.

§ 1º Incorrerá nas mesmas penas quem patrocinar a oferta.

§ 2º Se o crime é culposo.

Pena — Detenção de um a seis meses ou multa.

Normas Correlatas:
Código de Defesa do Consumidor: art. 6º, III e IV – são direitos básicos do consumidor: à informação adequada e clara sobre os diferentes produtos e serviços, com especificação correta de quantidade, caraterísticas, composição qualidade e preço, bem como sobre os riscos que apresentem; à proteção contra a publicidade enganosa e abusiva, métodos comerciais coercitivos ou desleais, bem como contra práticas e cláusulas abusivas ou impostas no fornecimento de produtos e serviços; art. 30 – toda informação ou publicidade, suficiente precisa, veiculada por qualquer forma ou meio de comunicação, com relação a produtos e serviços, obriga o fornecedor; art. 37, § 3º – para efeitos deste Código, a publicidade é enganosa por omissão quando deixar de informar sobre dado essencial do produto ou serviço; art. 52 – no fornecimento de produtos ou serviços mediante crédito ou financiamento ao consumidor, o fornecedor deve dar-lhe amplas informações sobre a transação; art. 60 – imposição da pena de contrapropaganda ao fornecedor que incorrer na prática de publicidade enganosa ou abusiva.
Código Penal: art. 70 – concurso formal; art. 171 – estelionato.

Leis:
Lei n. 1.521/1951: art. 3º, VII – é crime contra a economia popular dar indicações ou fazer afirmações falsas em prospectos ou anúncios, para fim de substituição, compra ou venda de títulos, ações ou quotas.

Lei n. 4.591, de 16.12.1964: art. 56 – publicidade ou propaganda sobre lançamento de incorporações imobiliárias.

Lei n. 6.766, de 19.12.1979 — dispõe sobre parcelamento do solo: art. 50, III – é crime contra a administração pública fazer ou veicular afirmação falsa sobre a legalidade de loteamento ou desmembramento. Pena — reclusão de 1 a 4 anos.

Lei n. 10.962, de 11.10.2004 — dispõe sobre a oferta e as formas de afixação de preços de produtos e serviços para o consumidor.

Decretos:

Decreto n. 4.680, de 24.4.2003 — regulamenta o direito à informação quanto aos alimentos e ingredientes alimentares destinados ao consumo humano ou animal que contenham ou sejam produzidos a partir de organismos geneticamente modificados.

Decreto n. 5.903, de 20.9.2006 — regulamenta a Lei n. 10.962, que trata sobre a oferta e as formas de afixação de preços de produtos e serviços para o consumidor.

Art. 67 Fazer ou promover publicidade que sabe ou deveria saber ser enganosa ou abusiva:

Pena — Detenção de três meses a um ano e multa.

Parágrafo único. (Vetado).

Normas Correlatas:

Código de Defesa do Consumidor: art. 37, §§ 1º e 2º — proíbe publicidade enganosa ou abusiva.

Leis:

Lei n. 4.680, de 18.6.1965, regulamentada pelo Decreto n. 57.690, de 1º.2.1966 — regula a profissão de publicitário.

Lei n. 8.137, de 27.12.1990: art. 7º, VII – declara ser crime contra relações de consumo induzir o consumidor ou usuário a erro por via de indicação falsa ou enganosa sobre a natureza, qualidade do bem ou serviço, utilizando-se de qualquer meio, inclusive a veiculação ou divulgação publicitária.

Art. 68 Fazer ou promover publicidade que sabe ou deveria saber ser capaz de induzir o consumidor a se comportar de forma prejudicial ou perigosa a sua saúde ou segurança:

Pena — Detenção de seis meses a dois anos e multa:

Parágrafo único. (Vetado).

Normas Correlatas:

Código de Defesa do Consumidor: art. 37, § 2º, *in fine* – é propaganda abusiva, também, aquela que é capaz de induzir o consumidor a se comportar de forma prejudicial ou perigosa à sua saúde ou segurança.

Código Penal: art. 273 – falsificação, corrupção, adulteração ou alteração de produto destinado a fins terapêuticos ou medicinais. Pena — reclusão de dez a quinze anos e multa; art. 275 – inculcar, em invólucro ou recipiente de produto alimentício ou medicinal, a existência de substância que não se encontra em seu conteúdo ou que nele existe em quantidade menor que a mencionada. Pena — reclusão de um a cinco anos; art. 277 – vender, expor à venda, ter em depósito ou ceder substância destinada à falsificação de produtos alimentícios, terapêuticos ou medicinais. Pena — reclusão de um a cinco anos.

Art. 69 Deixar de organizar dados fáticos, técnicos e científicos que dão base à publicidade:

Pena — Detenção de um a seis meses ou multa.

Normas Correlatas:

Código de Defesa do Consumidor: art. 36, parágrafo único – o fornecedor na publicidade de seus produtos ou serviços manterá em seu poder, para informação dos legítimos interessados, os dados fáticos, técnicos e científicos que dão sustentação à mensagem.

Art. 70 Empregar na reparação de produtos, peça ou componentes de reposição usados, sem autorização do consumidor:

Pena — Detenção de três meses a um ano e multa.

Normas Correlatas:

Código de Defesa do Consumidor: art. 21 – no fornecimento de serviços com o fim de reparar qualquer produto, está implícita a obrigação do fornecedor de empregar componentes de reposição originais, a menos que haja autorização em contrário do consumidor; art. 32 – os fabricantes e importadores deverão assegurar a oferta de componentes e peças de reposição enquanto não cessar a fabricação ou importação do produto.

Código Penal: art. 171 – obter para si ou para outrem, vantagem ilícita, em prejuízo alheio induzindo ou mantendo alguém em erro, mediante artifício, ardil ou qualquer outro meio fraudulento.

Art. 71 Utilizar, na cobrança de dívidas, de ameaça, coação, constrangimento físico ou moral, afirmações falsas incorretas ou enganosas ou de qualquer outro procedimento que exponha o consumidor, injustificadamente, a ridículo ou interfira com seu trabalho, descanso ou lazer:

Pena — Detenção de três meses a um ano e multa.

Normas Correlatas:

Código de Defesa do Consumidor: art. 42 – na cobrança de débitos o consumidor inadimplente não será exposto a ridículo, nem será submetido a qualquer tipo de constrangimento ou ameaça. Consumidor cobrado em quantia indevida tem direito à repetição do indébito, por valor igual ao dobro ao que pagou em excesso, acrescido de outras verbas.

Código Penal: art. 146 – é crime constranger alguém, mediante violência ou grave ameaça ou depois de lhe haver reduzido, por qualquer outro meio, a capacidade de resistência, a não fazer o que a lei permite ou a fazer o que ela não manda.

Art. 72 Impedir ou dificultar o acesso do consumidor às informações que sobre ele constem em cadastros, banco de dados, fichas e registros:

Pena — Detenção de seis meses a um ano ou multa.

Normas Correlatas:

Código de Defesa do Consumidor: art. 43 e seus parágrafos – tem o consumidor direito de acesso às informações existentes em cadastros, fichas, registros e dados pessoais.

Constituição Federal: art. 5º, LXXII – concede habeas data para assegurar o conhecimento de informações relativas à pessoa do impetrante, constantes de registros ou banco de dados de entidades governamentais ou de caráter público; para retificação de dados, quando se prefira fazê-lo por processo sigiloso, judicial ou de caráter públicos.

Lei n. 9.507, de 12.11.1997 — regulando o instituto do *habeas data*.

Art. 73
Deixar de corrigir imediatamente informação sobre consumidor constante de cadastro, banco de dados, fichas ou registros que sabe ou deveria saber ser inexata:

Pena — Detenção de um a seis meses ou multa.

Normas Correlatas:
Código de Defesa do Consumidor: art. 43, § 3º – confere ao consumidor o direito de exigir imediata correção de dados sobre sua idoneidade moral ou financeira existente em banco de dados e cadastro. No plano administrativo, o prazo é de cinco dias para se efetuar sobredita correção.

Art. 74
Deixar de entregar ao consumidor o termo de garantia aquadamente preenchido e com especificação clara de seu conteúdo.

Pena — Detenção de um a seis meses ou multa.

Normas Correlatas:
Código de Defesa do Consumidor: art. 50 e seu parágrafo único – a garantia contratual é complementar à legal e será conferida mediante termo escrito.

Art. 75
Quem, de qualquer forma, concorrer para os crimes referidos neste código, incide as penas a esses cominadas na medida de sua culpabilidade, bem como o diretor, administrador ou gerente da pessoa jurídica que promover, permitir ou por qualquer modo aprovar o fornecimento, oferta, exposição à venda ou manutenção em depósito de produtos ou a oferta e prestação de serviços nas condições por ele proibidas.

Normas Correlatas:
Código Penal: art. 29 – concurso de pessoas.

Art. 76
São circunstâncias agravantes dos crimes tipificados neste código:

I – serem cometidos em época de grave crise econômica ou por ocasião de calamidade;

II – ocasionarem grave dano individual ou coletivo;

III – dissimular-se a natureza ilícita do procedimento;

IV – quando cometidos:

a) por servidor público, ou por pessoa cuja condição econômico-social seja manifestamente superior à da vítima;

b) em detrimento de operário ou rurícola; de menor de dezoito ou maior de sessenta anos ou de pessoas portadoras de deficiência mental interditadas ou não;

V – serem praticados em operações que envolvam alimentos, medicamentos ou quaisquer outros produtos ou serviços essenciais.

Normas Correlatas:

Código de Defesa do Consumidor: art. 39, IV – é vedado ao fornecedor prevalecer-se da fraqueza ou ignorância do consumidor, tendo em vista sua idade, saúde, conhecimento ou condição social, para impingir-lhe seus produtos ou serviços; art. 61 – prevê aplicação subsidiária, às relações de consumo, do Código Penal.

Código Penal: art. 13, § 2º – a omissão é penalmente relevante quando o omitente devia e podia agir para evitar o resultado. Diz quem tem o dever de agir; art. 22 – se o fato é cometido sob coação irresistível ou em estrita obediência a ordem não manifestamente ilegal, de superior hierárquico, só é punível o autor da coação ou da ordem; art. 61 – contém relação de circunstâncias agravantes (*accidentalia delicti*); art. 62 – informa as hipóteses em que a pena será agravada em relação ao agente; art. 63 – define a reincidência; art. 65 – lista das atenuantes c/c art. 484 do Código de Processo Penal; art. 68 — cálculo da pena existindo circunstâncias agravantes e atenuantes.

Art. 77 A pena pecuniária prevista nesta Seção será fixada em dias-multa, correspondente ao mínimo e ao máximo de dias de duração da pena privativa da liberdade cominada ao crime. Na individualização desta multa, o juiz observará o disposto no art. 60, § 1º do Código Penal.

Normas Correlatas:

Constituição Federal: art. 5º, XLV – nenhuma pena passará da pessoa do condenado, podendo a obrigação de reparar o dano e a decretação do perdimento de bens ser, nos termos da lei, estendidas aos sucessores e contra eles executada, até o limite do valor do patrimônio transferido.

Código de Defesa do Consumidor: até o máximo de dois anos de detenção, a pena pode ser convertida em multa.

Código Penal: art. 49 – a pena de multa consiste no pagamento, ao fundo penitenciário, de quantia fixada na sentença e calculada em dias-multa, cujo valor será fixado pelo juiz, não podendo ser inferior a um trigésimo do salário mínimo vigente ao tempo do fato nem superior a cinco vezes esse salário; art. 50 – prazo de dez dias ao réu (ou fornecedor) para pagar a multa; art. 58 – a multa é graduada segundo a gravidade da infração; art. 59 – norma geral de individualização da pena; art. 60 – é a multa aumentada ao triplo se o juiz considerar que, em virtude da situação econômica do réu, é ineficaz, embora aplicada no máximo.

Art. 78 Além das penas privativas de liberdade e de multa, podem ser impostas, cumulativa ou alternadamente, observado o disposto nos arts. 44 a 47, do Código Penal:

I – a interdição temporária de direitos;

II – a publicação em órgãos de comunicação de grande circulação ou audiência, às expensas do condenado, de notícia sobre os fatos e a condenação;

III – a prestação de serviços à comunidade.

Normas Correlatas:

Código Penal: arts. 44 a 48 – sobre penas restritivas de direitos, sua conversão em pena privativa de liberdade, prestação de serviços à comunidade e interdição temporária de direitos.

Art. 79 O valor da fiança, nas infrações de que trata este código, será fixado pelo juiz, ou pela autoridade que presidir o inquérito, entre cem e duzentas mil vezes o valor do Bônus do Tesouro Nacional (BTN), ou índice equivalente que venha a substituí-lo.

Parágrafo único. Se assim recomendar a situação econômica do indiciado ou réu, a fiança poderá ser:

a) reduzida até a metade do seu valor mínimo;

b) aumentada pelo juiz até vinte vezes.

Normas Correlatas:

Constituição Federal: art. 5º, LXVI – ninguém será levado à prisão ou nela mantido, quando a lei admitir a liberdade provisória, com ou sem fiança.

Código Civil: art. 1.451 – podem ser objeto de penhor direitos, suscetíveis de cessão, sobre coisas móveis.

Código de Processo Penal: art. 322 – concede-se fiança nos crimes punidos com detenção ou prisão simples e, nos demais casos indicados no art. 323, cabe ao juiz decidir em 48 horas; art. 324 – arrola as hipóteses em que é negada a fiança; art. 325, *caput* – critérios para fixação da fiança e § 2º – nos casos de prisão em flagrante pela prática de crime contra a economia popular ou de crime de sonegação fiscal, concede-se liberdade provisória mediante fiança, cujo valor cabe ao juiz fixar; art. 330 – a fiança, que será sempre definitiva, consistirá em depósito de dinheiro, pedras, objetos ou metais preciosos, títulos da dívida pública, federal, estadual ou municipal, ou em hipoteca inscrita em primeiro lugar. §§ 1º e 2º desse artigo referem-se à avaliação do imóvel ou pedras e bens preciosos e à fiança consistente em caução.

Art. 80 No processo penal atinente aos crimes previstos neste código, bem como a outros crimes e contravenções que envolvam relações de consumo, poderão intervir, como assistentes do Ministério Público, os legitimados indicados no art. 82, inciso III e IV, aos quais também é facultado propor ação penal subsidiária, se a denúncia não for oferecida no prazo legal.

Normas Correlatas:

Constituição Federal: art. 5º, LIX – "será admitida ação privada nos crimes de ação pública, se esta não for intentada no prazo legal".

Código de Defesa do Consumidor: art. 82, III e IV – no processo penal atinente às relações de consumo, são legitimados para atuar como assistentes do Ministério do Público os organismos mencionados nos incisos citados: entidades e órgãos da administração pública direta ou indireta, ainda que sem personalidade jurídica, especificamente destinados à defesa dos interesses e direitos protegidos por este Código; associações legalmente constituídas há pelo menos um ano e que incluam entre seus fins institucionais a defesa dos interesses e direitos protegidos por este Código, dispensada a autorização assemblear.

Código Penal: arts. 44 a 48 – sobre penas restritivas de direitos, sua conversão em pena privativa de liberdade, prestação de serviços à comunidade e interdição temporária de direitos.

Código de Processo Penal: art. 29 – cabe ação privada nos crimes de ação pública se esta não intentada no prazo legal; art. 268 – em todos os termos de ação pública, poderá intervir, como assistente do Ministério Público, o ofendido ou seu representante legal ou (art. 32), na falta destes e no caso de morte do ofendido ou quando declarado ausente, o direito de oferecer queixa ou prosseguir na ação passará ao cônjuge, ascendente, descendente ou irmão; art. 272 – é obrigatória a prévia audiência do Ministério Público nos pedidos de assistência; arts. 584, § 1º, e 598 – a vítima de crime de relação de consumo toma o lugar do Ministério Público quando se abstém de recorrer da sentença.

Leis:

Lei n. 8.137, de 27.12.1990 – define crimes contra a ordem tributária, econômica e relações de consumo: arts. 4º, 5º, 6º e 7º – lista de crimes contra a ordem econômica que afetam as relações de consumo.

Lei n. 8.158, de 8.1.1991 — estabelece normas para a defesa da concorrência: art. 3º – contém elenco de infrações que, de certo modo, se articulam com as relações de consumo.

Lei n. 8.884 (Lei Antitruste), de 11.6.1994 — dispondo sobre a prevenção e a repressão às infrações contra a ordem econômica e se orienta pelos "ditames constitucionais de liberdade de iniciativa, livre concorrência, função social da propriedade, defesa dos consumidores e repressão ao abuso do poder econômico".

Decreto n. 36, de 14.2.1991 — aprova o Regulamento da Lei n. 8.158 de 8.1.1991, que institui normas para a defesa da concorrência, e dá outras providências.

TÍTULO III
DA DEFESA DO CONSUMIDOR EM JUÍZO

Capítulo I
Disposições Gerais

Art. 81 A defesa dos interesses e direitos dos consumidores e das vítimas poderá ser exercida em juízo individualmente, ou a título coletivo.

Parágrafo único. A defesa coletiva será exercida quando se tratar de:

I – interesses ou direitos difusos, assim entendidos, para efeitos deste código, os transindividuais, de natureza indivisível, de que sejam titulares pessoas indeterminadas e ligadas por circunstâncias de fato;

II – interesses ou direitos coletivos, assim entendidos, para efeitos deste código, os transindividuais, de natureza indivisível de que seja titular grupo, categoria ou classe de pessoas ligadas entre si ou com a parte contrária por uma relação jurídica base;

III – interesses ou direitos individuais homogêneos, assim entendidos os decorrentes de origem comum.

Normas Correlatas:

Constituição Federal: art. 129, III – uma das funções institucionais do Ministério Público é promover inquérito e ação civil pública para proteção de interesses difusos e coletivos.

Código de Defesa do Consumidor: arts. 4º e 5º – relativos aos princípios e instrumentos da Política Nacional das Relações de Consumo; art. 82 – relação dos legitimados para ação judicial contra o fornecedor; arts. 91 a 100 – sobre ações coletivas para a defesa de interesses individuais homogêneos dos consumidores; art. 103 – nas ações coletivas, a sentença fará coisa julgada *erga omnes* e *ultra partes*; art. 104 – as ações coletivas não induzem litispendência para as ações individuais, mas os efeitos da coisa julgada *erga omnes* ou *ultra partes* não beneficiarão os autores de ações individuais.

Código de Processo Civil: art. 46 – sobre litisconsórcio facultativo.

Leis:

Lei n. 7.347, de 24.7.1985 — disciplina a ação civil pública de responsabilidade por danos ao consumidor.

Lei n. 7.913, de 7.12.1989 — dispõe sobre ação civil pública de responsabilidade por danos causados a investidores no mercado de valores mobiliários.

Lei n. 9.781, de 19.1.1999 — institui a Taxa Processual sobre os processos de competência do Conselho Administrativo de Defesa Econômica — CADE.

Decretos:

Decreto n. 1.306, de 9.11.1994 — regulamenta o Fundo de Defesa de Direitos Difusos e seu Conselho Gestor.

Decreto n. 2.978, de 2.3.1999 — regulamenta a arrecadação da Taxa Processual e da Taxa de Serviços do Conselho Administrativo de Defesa Econômica — CADE.

Art. 82 Para os fins do art. 81, parágrafo único, são legitimados concorrentemente: *(Nova redação dada pela Lei n. 9.008, de 21.3.1995)*

I – o Ministério Público,

II – a União, os Estados, os Municípios e o Distrito Federal;

III – as entidades e órgãos da Administração Pública, direta ou indireta, ainda que sem personalidade jurídica, especificamente destinados à defesa dos interesses e direitos protegidos por este código;

IV – as associações legalmente constituídas há pelo menos um ano e que incluam entre seus fins institucionais a defesa dos interesses e direitos protegidos por este código, dispensada a autorização assemblear.

§ 1º O requisito da pré-constituição pode ser dispensado pelo juiz, nas ações previstas nos arts. 91 e seguintes, quando haja manifesto interesse social evidenciado pela dimensão ou característica do dano, ou pela relevância do bem jurídico a ser protegido.

§ 2º (Vetado).

§ 3º (Vetado).

Normas Correlatas:

Código de Defesa do Consumidor: art. 92 – o Ministério Público, se não ajuizar a ação, atuará sempre como fiscal da lei; art. 94 – a execução pode ser coletiva; art. 100 – decorrido prazo de um ano sem habilitação de interessados em número compatível com a gravidade do dano, poderão os legitimados do art. 82 promover a liquidação e execução da indenização devida.

Código de Processo Civil: art. 12, § 2º – sociedades sem personalidade jurídica, quando demandadas, não poderão opor a irregularidade da sua constituição; art. 301, §§ 1º a 3º – sobre litispendência, coisa julgada e ação idêntica a outra c/c arts. 50 a 55 também do Código de Processo Civil.

Leis:

Lei Complementar n. 80, de 12.1.1994 — organiza a Defensoria Pública da União, do Distrito Federal e Territórios.

Lei n. 9.494, de 10.9.1997 — disciplina a tutela antecipada e altera o art. 16 da Lei n. 7.347/1985 para estabelecer que a sentença fará coisa julgada *erga omnes* em ação coletiva nos limites da competência territorial do órgão prolator, exceto se o pedido for julgado improcedente por insuficiência de provas, o que autorizará qualquer legitimado a intentar outra ação com idêntico fundamento, valendo-se de nova prova.

Lei n. 8.884, de 11.6.1994 — dispõe sobre a prevenção e a repressão às infrações contra a ordem econômica; art. 18 – "A personalidade jurídica do responsável por infração da ordem econômica poderá ser desconsiderada quando houver da parte deste abuso de direito, excesso de poder, infração da lei, fato ou ato ilícito ou violação dos estatutos ou contrato social. A desconsideração será também efetivada quando houver falência, estado de insolvência, encerramento ou inatividade da pessoa jurídica provocados por má administração".

Lei n. 9.008, de 21.3.1995 — criando, no Ministério da Justiça, o Conselho Federal Gestor do Fundo de Defesa de Direitos Difusos (CFDD).

Lei n. 9.870, de 23.11.1999 — dispondo sobre anuidades escolares.

Outros Diplomas:

MP n. 2.180, de 24.8.2001, acrescentou à Lei n. 9.494/1997 o art. 2º-A para estatuir que, nas ações coletivas propostas contra a União, os Estados, o Distrito Federal, os Municípios e suas autarquias e fundações, a petição inicial deverá obrigatoriamente estar instruída com a ata da assembleia da entidade associativa que a autorizou, acompanhada de relação nominal de seus associados e indicação dos respectivos endereços. Tal sentença só beneficiará os associados que, na data da propositura da ação, tinham residência no âmbito da competência do órgão prolator.

Decreto n. 2.181, de 20.3.1997 — organiza o Sistema Nacional de Defesa do Consumidor.

Art. 83 Para a defesa dos direitos e interesses protegidos por este código são admissíveis todas as espécies de ações capazes de propiciar sua adequada e efetiva tutela.

Parágrafo único. (Vetado).

Art. 84 Na ação que tenha por objeto o cumprimento da obrigação de fazer ou não fazer, o juiz concederá a tutela específica da obrigação ou determinará providências que assegurem o resultado prático equivalente ao do adimplemento.

§ 1º A conversão da obrigação em perdas e danos somente será admissível se por elas optar o autor ou se impossível a tutela específica ou a obtenção do resultado prático correspondente.

§ 2º A indenização por perdas e danos se fará sem prejuízo da multa (art. 287, do Código de Processo Civil).

§ 3º Sendo relevante o fundamento da demanda e havendo justificado receio de ineficácia do provimento final, é lícito ao juiz conceder a tutela liminarmente ou após justificação prévia, citado o réu.

§ 4º O juiz poderá, na hipótese do § 3º ou na sentença, impor multa diária ao réu, independentemente de pedido do autor, se for suficiente ou compatível com a obrigação, fixando prazo razoável para o cumprimento do preceito.

§ 5º Para a tutela específica ou para a obtenção do resultado prático equivalente, poderá o juiz determinar as medidas necessárias, tais como busca e apreensão, remoção de coisas e pessoas, desfazimento de obra, impedimento de atividade nociva, além de requisição de força policial.

Normas Correlatas:

Código de Defesa do Consumidor: art. 35, I – se o fornecedor de produtos ou serviços recusar cumprimento à oferta, o consumidor poderá exigir o cumprimento forçado da obrigação, nos termos da oferta, apresentação ou publicidade; art. 48 – declarações de vontade, constantes de escritos particulares, recibos e pré-contratos relativos às relações de consumo, vinculam o fornecedor ensejando inclusive execução específica nos termos do art. 84 e parágrafos.

Código Civil: arts. 247 a 249 – da obrigação de fazer; art. 250 – extingue-se a obrigação de não fazer, desde que, sem culpa do devedor, se lhe torne impossível abster-se do ato, que se obrigou a não praticar.

Código de Processo Civil: art. 287 – se o autor pedir que seja imposta ao réu a abstenção da prática de algum ato, tolerar alguma atividade, prestar ato ou entregar coisa, poderá requerer cominação de pena pecuniária para o caso de descumprimento da sentença ou da decisão antecipatória de tutela; art. 461 – na ação que tenha por objeto o cumprimento de obrigação de fazer ou não fazer, o juiz concederá tutela específica ou determinará providências que assegurem resultado prático equivalente ao do adimplemento. Há no artigo cinco parágrafos: conversão em indenização, concessão liminar da tutela, multa diária, medidas especiais para efetivação da tutela específica; arts. 839 a 843 – sobre busca e apreensão.

Leis:

Lei n. 7.347/1985, de 24.7.1985: art. 12 – é agravável decisão de juiz singular concessiva de liminar.

Lei n. 9.494, de 10.9.1997 — manda aplicar os arts. 1°, 3º e 4º da Lei n. 8.437, de 30.6.1992, quando se tratar de tutela específica em ação de consumo tendo como ré pessoa jurídica de direito.

Art. 85 (Vetado).

Art. 86 (Vetado).

Art. 87
Nas ações coletivas de que trata este código não haverá adiantamento de custas, emolumentos, honorários periciais e quaisquer outras despesas, nem condenação da associação autora, salvo comprovada má-fé, em honorários de advogados, custas e despesas processuais.

Parágrafo único. Em caso de litigância de má-fé, a associação autora e os diretores responsáveis pela propositura da ação serão solidariamente condenados em honorários advocatícios e ao décuplo das custas, sem prejuízo da responsabilidade por perdas e danos.

Normas Correlatas:

Código de Defesa do Consumidor: art. 5º, I – cabe ao Poder Público manter assistência jurídica integral e gratuita para o consumidor carente.

Código de Processo Civil: art. 17 – enumera casos de litigância de má-fé; art. 18 – o juiz ou tribunal, de ofício ou a requerimento, condenará o litigante de má-fé a pagar multa não excedente a um por cento sobre o valor da causa e a indenizar a parte contrária dos prejuízos que esta sofreu, mais os honorários advocatícios e todas as despesas que efetuou; art. 19 – sobre encargo das partes nas despesas processuais, ressalvada a hipótese de justiça gratuita.

Art. 88
Na hipótese do art. 13, parágrafo único deste código, a ação de regresso poderá ser ajuizada em processo autônomo,

facultada a possibilidade de prosseguir-se nos mesmos autos, vedada a denunciação da lide.

Normas Correlatas:

Código de Defesa do Consumidor: art. 13 – define as hipóteses em que o comerciante é responsável pelo dano do consumidor; art. 25, § 2º – caso de dano causado por componente ou peça incorporada ao produto ou serviço.

Código Civil: art. 283 – o devedor que satisfez a dívida por inteiro, tem direito a exigir de cada um dos codevedores a sua quota, dividindo-se igualmente por todos a do insolvente, se o houver. Presumem-se iguais, no débito, as partes de todos os codevedores.

Código de Processo Civil: art. 70 – elenco de hipóteses de denunciação da lide obrigatória; art. 77, III – é admissível o chamamento ao processo de todos os devedores solidários quando o credor exigir de um ou de alguns deles, parcial ou totalmente, a dívida comum; art. 80 – a sentença que julgar procedente a ação, condenando os devedores, valerá como título executivo em favor do que satisfizer a dívida, para exigi-la, por inteiro, do devedor principal, ou de cada um dos codevedores a sua cota, na proporção que lhes tocar.

Art. 89 (Vetado).

Art. 90
Aplicam-se às ações previstas neste título as normas do Código de Processo Civil e da Lei n. 7.347, de 24 de julho de 1985, inclusive no que respeita ao inquérito civil, naquilo que não contrariar suas disposições.

Normas Correlatas:

Código de Defesa do Consumidor: art. 26, § 2º, III – obsta a decadência a instauração de inquérito civil, até seu encerramento; art. 83 – ações judiciais para defesa dos interesses do consumidor.

Leis:

Lei n. 7.347, de 24.7.1985: art. 8º, § 1º – versa sobre o inquérito civil.

Lei n. 9.099, 26.9.1995 — juizados especiais cíveis e criminais.

Lei n. 9.494, de 10.9.1997 — disciplina a tutela antecipada e altera o art. 16 da Lei n. 7.347/1985 para estabelecer que a sentença fará coisa julgada *erga omnes* em ação coletiva nos limites da competência territorial do órgão prolator, exceto se o pedido for julgado improcedente por insuficiência de provas, o que autorizará qualquer legitimado a intentar outra ação com idêntico fundamento, valendo-se de nova prova.

Capítulo II
Das Ações Coletivas para a Defesa de Interesses Individuais Homogêneos

Art. 91
Os legitimados de que trata o art. 82 poderão propor, em nome próprio e no interesse das vítimas ou seus sucessores, ação civil coletiva de responsabilidade pelos danos individualmente sofridos, de acordo com o disposto nos artigos seguintes. *(Redação dada pela Lei n. 9.008/1995)*

Normas Correlatas:

Código de Defesa do Consumidor: art. 82 – a defesa dos interesses e direitos dos consumidores e das vítimas poderá ser exercida em juízo individualmente ou a título coletivo; art. 103 – a sentença fará coisa julgada *erga omnes*, com as ressalvas que faz.

Lei n. 7.347/1985: art. 5º, § 2º – autoriza os legitimados a se consorciarem na propositura da ação coletiva ou civil pública.

Art. 92
O Ministério Público, se não ajuizar a ação, atuará sempre como fiscal da lei.

Parágrafo único. (Vetado).

Normas Correlatas:
Constituição Federal: art. 129 – define as funções institucionais do Ministério Público.
Código de Defesa do Consumidor: art. 5º, II – para a execução da Política Nacional das Relações de Consumo, um dos instrumentos é a instituição de Promotorias de Justiça de Defesa do Consumidor, no âmbito do Ministério Público; art. 51, § 4º – é facultado a qualquer consumidor ou entidade que o represente requerer ao Ministério Público que ajuíze a competente ação para ser declarada a nulidade de cláusula contratual que contrarie o disposto neste Código ou de qualquer forma não assegure o justo equilíbrio entre direitos e obrigações das partes; art. 82, I – para fins do art. 100 (ação de responsabilidade civil) o fornecedor é legitimado concorrentemente com outros o Ministério Público.

Art. 93
Ressalvada a competência da Justiça Federal, é competente para a causa a justiça local:

I – no foro do lugar onde ocorreu ou deva ocorrer o dano, quando de âmbito local;

II – no foro da Capital do Estado ou no do Distrito Federal, para os danos de âmbito nacional ou regional, aplicando-se as regras do Código de Processo Civil aos casos de competência concorrente.

Normas Correlatas:
Código de Defesa do Consumidor: art. 90 c/c art. 16 da Lei n. 7.347/1985 (redação dada pela MP n. 1.570-6/1997) — os efeitos *erga omnes* ficam restritos aos limites da unidade federativa em cuja capital se ajuizou a ação coletiva; art. 103 – define a competência da Justiça Federal.
Código de Processo Civil: art. 94 — a ação fundada em direito pessoal e a ação fundada em direito real sobre bens móveis serão propostas, em regra, no foro do domicílio do réu; § 1º – tendo mais de um domicílio, o réu será demandado no foro de qualquer deles; § 2º – sendo incerto ou desconhecido o domicílio do réu, ele será demandado onde for encontrado ou no foro do domicílio do autor; § 3º – quando o réu não tiver domicílio nem residência no Brasil, a ação será proposta no foro do domicílio do autor. Se este também residir fora do Brasil, a ação será proposta em qualquer foro; § 4º – havendo dois ou mais réus, com diferentes domicílios, serão demandados no foro de qualquer deles, à escolha do autor; art. 100 – é competente o foro do lugar do ato ou fato para ação de reparação do dano.
Lei n. 7.347, de 24.7.1985: art. 16, com redação dada pela Lei n. 9.494, de 10.9.1997 — os efeitos *erga omnes* das sentenças prolatadas nas ações coletivas se restringirão aos limites das unidades federativas em cuja capital se ajuizou a ação coletiva.

Art. 94
Proposta a ação, será publicado edital no órgão oficial, a fim de que os interessados possam intervir no processo como litisconsortes, sem prejuízo de ampla divulgação pelos meios de comunicação social por parte dos órgãos de defesa do consumidor.

Normas Correlatas:

Código de Defesa do Consumidor: art. 103, I – nas ações coletivas, de que trata este Código, a sentença fará coisa julgada *erga omnes*, exceto se o pedido for julgado improcedente por insuficiência de provas, hipótese em que qualquer legitimado poderá intentar outra ação.

Código de Processo Civil: arts. 46 a 49 – normas regedoras do litisconsórcio; arts. 231 a 233 – trata da citação por edital.

Art. 95 Em caso de procedência do pedido, a condenação será genérica, fixando a responsabilidade do réu pelos danos causados.

Normas Correlatas:

Código de Defesa do Consumidor: art. 91 – as vítimas e seus sucessores serão favorecidos pelas sentenças que condenarem o fornecedor a ressarcir seus danos.

Código de Processo Civil: arts. 475-A a 475-H – da liquidação da sentença; arts. 475-I a 475-R — do cumprimento da sentença; art. 475-A – quando a sentença não determinar o valor devido, procede-se à sua liquidação. A parte será intimada na pessoa de seu advogado.

Art. 96 (Vetado).

Art. 97 A liquidação e a execução de sentença poderão ser promovidas pela vítima e seus sucessores, assim como pelos legitimados de que trata o art. 82.

Parágrafo único. (Vetado).

Normas Correlatas:

Código de Defesa do Consumidor: art. 27 – prescreve em cinco anos o direito de ação do consumidor; art. 82 — contém relação de legitimados; art. 100 – têm os interessados prazo de um ano para se habilitarem em ação coletiva.

Código de Processo Civil: art. 586 – a execução para cobrança de crédito fundar-se-á sempre em título de obrigação certa, líquida e exigível.

Art. 98 A execução poderá ser coletiva, sendo promovida pelos legitimados de que trata o art. 82, abrangendo as vítimas cujas indenizações já tiveram sido fixadas em sentença de liquidação, sem prejuízo do ajuizamento de outras execuções. *(Nova redação dada pela Lei n. 9.008/1995)*

§ 1º A execução coletiva far-se-á com base em certidão das sentenças de liquidação, da qual deverá constar a ocorrência ou não do trânsito em julgado.

§ 2º É competente para a execução o juízo:

I – da liquidação da sentença ou da ação condenatória, no caso de execução individual;

II – da ação condenatória, quando coletiva a execução.

Normas Correlatas:

Código de Defesa do Consumidor: art. 100 – legitimado como autor da ação coletiva, pode executar a respectiva sentença; art. 95 – é genérica a sentença em ação coletiva.

Código de Processo Civil: art. 520 – a apelação é sempre recebida no efeito devolutivo e suspensivo. Implícita a execução provisória.

Art. 99 Em caso de concurso de créditos decorrentes de condenação prevista na Lei n. 7.347, de 24 de julho de 1985 e de indenizações pelos prejuízos individuais resultantes do mesmo evento danoso, estas terão preferência no pagamento.

Parágrafo único. Para efeito do disposto neste artigo, a destinação da importância recolhida ao fundo criado pela Lei n. 7.347, de 24 de julho de 1985, ficará sustada enquanto pendentes de decisão de segundo grau as ações de indenização pelos danos individuais, salvo na hipótese de o patrimônio do devedor ser manifestamente suficiente para responder pela integralidade das dívidas.

Normas Correlatas:

Lei n. 7.347, de 24.7.1985: art. 3º – reza que as ações de responsabilidade por danos causados ao consumidor, a qualquer outro interesse difuso ou coletivo, terão por objeto a condenação em dinheiro ou o cumprimento de obrigação de fazer ou não fazer; art. 13 – havendo condenação em dinheiro, a indenização pelo dano causado reverterá a um Fundo gerido por um Conselho Federal ou por Conselhos Estaduais de que participarão necessariamente o Ministério Público e representantes da comunidade, sendo seus recursos destinados à reconstituição dos bens lesados.

Art. 100 Decorrido o prazo de um ano sem habilitação de interessados em número compatível com a gravidade do dano, poderão os legitimados do art. 82 promover a liquidação e execução da indenização devida.

Parágrafo único. O produto da indenização devida reverterá para o fundo criado pela Lei n. 7.347, de 24 de julho de 1985.

Normas Correlatas:

Lei n. 7.347, de 24.7.1985 — lei da ação civil pública.

Capítulo III
Das Ações de Responsabilidade do Fornecedor de Produtos e Serviços

Art. 101 Na ação de responsabilidade civil do fornecedor de produtos e serviços, sem prejuízo do disposto nos Capítulos I e II deste título, serão observadas as seguintes normas:

I – a ação pode ser proposta no domicílio do autor;

II – o réu que houver contratado seguro de responsabilidade poderá chamar ao processo o segurador, vedada a integração do contraditório pelo Instituto de Resseguros do Brasil. Nesta hipótese, a sentença que julgar procedente o pedido condenará o réu nos termos do art. 80 do Código de Processo Civil. Se o réu houver sido declarado falido, o síndico será intimado a informar a existência de seguro de responsabilidade, facultando-se, em caso afirmativo, o ajuizamento de ação de indenização diretamente contra o segurador, vedada a denunciação da lide ao Instituto de Resseguros do Brasil e dispensado o litisconsórcio obrigatório com este.

Normas Correlatas:
Código de Defesa do Consumidor: art. 27 – prescrição quinquenal da pretensão à reparação de danos causados pelo fato do produto ou do serviço; arts. 81 a 100 – defesa do consumidor em juízo; art. 82 – legitimado e foro competente.
Código Civil: art. 186 – aquele que, por ação ou omissão voluntária, negligência ou imprudência, violar direito e causar dano a outrem, ainda que exclusivamente moral, comete ato ilícito; art. 757 – define o contrato de seguro; art. 762 – nulo será o contrato para garantia de risco proveniente de ato doloso do segurado, do beneficiário, ou de representante de um ou de outro.
Código de Processo Civil: art. 72 – denunciação da lide: ordenada a citação, ficará suspenso o processo; art. 74 – feita a denunciação pelo autor, o denunciado assume a posição de litisconsorte do denunciante e poderá aditar a petição inicial, procedendo-se em seguida a citação do réu; art. 78 – para o juiz declare, na mesma sentença, as responsabilidades dos obrigados, a que se refere o artigo antecedente (sobre chamamento ao processo), o réu requererá, no prazo para contestar, o disposto nos arts. 72 e 74; art. 80 – a sentença, que julgar procedente a ação, condenando os devedores, valerá como título executivo em favor do que satisfizer a dívida, para exigi-la, por inteiro, do devedor principal ou de cada um dos codevedores a sua quota, na proporção que lhes tocar; art. 100 – foro competente.
Decreto n. 60.459, de 13.3.1967 — sobre seguros obrigatórios.

Art. 102 Os legitimados a agir na forma deste código poderão propor ação visando compelir o Poder Público competente a proibir, em todo o território nacional, a produção, divulgação distribuição ou venda, ou a determinar a alteração na composição, estrutura, fórmula ou acondicionamento de produto, cujo uso ou consumo regular se revele nocivo ou perigoso à saúde pública e à incolumidade pessoal.

§ 1º (Vetado).

§ 2º (Vetado).

Normas Correlatas:
Código de Defesa do Consumidor: art. 81 – a defesa dos interesses e direitos das vítimas poderá ser exercida em juízo individualmente ou a título coletivo; art. 82 – legitimados para propor a ação indicada neste artigo.

Capítulo IV
Da Coisa Julgada

Art. 103 Nas ações coletivas de que trata este código, a sentença fará coisa julgada:

I – *erga omnes*, exceto se o pedido for julgado improcedente por insuficiência de provas, hipótese em que qualquer legitimado poderá intentar outra ação, com idêntico fundamento valendo-se de nova prova, na hipótese do inciso I do parágrafo único do art. 81;

II – *ultra partes*, mas limitadamente ao grupo, categoria ou classe, salvo improcedência por insuficiência de provas, nos termos do inciso anterior, quando se tratar da hipótese prevista no inciso II do parágrafo único do art. 81;

III – *erga omnes*, apenas no caso de procedência do pedido, para beneficiar todas as vítimas e seus sucessores, na hipótese do inciso III do parágrafo único do art. 81.

§ 1º Os efeitos da coisa julgada previstos nos incisos I e II não prejudicarão interesses e direitos individuais dos integrantes da coletividade, do grupo, categoria ou classe.

§ 2º Na hipótese prevista no inciso III, em caso de improcedência do pedido, os interessados que não tiverem intervindo no processo como litisconsortes poderão propor ação de indenização a título individual.

§ 3º Os efeitos da coisa julgada de que cuida o art. 16, combinado com o art. 13 da Lei n. 7.347, de 24 de julho de 1985, não prejudicarão as ações de indenização por danos pessoalmente sofridos, propostas individualmente ou na forma prevista neste código, mas, se procedente o pedido, beneficiarão as vítimas e seus sucessores, que poderão proceder à liquidação e à execução, nos termos dos arts. 96 a 99.

§ 4º Aplica-se o disposto no parágrafo anterior à sentença penal condenatória.

Normas Correlatas:

Constituição Federal: art. 5º, XXXVI — a lei não prejudicará o direito adquirido, o ato jurídico perfeito e a coisa julgada.

Código de Defesa do Consumidor: art. 81 – com definição dos direitos ou interesses coletivos, difusos e homogêneos; art. 91 – sobre ação coletiva.

Código de Processo Civil: art. 467 – denomina-se coisa julgada material a eficácia, que torna imutável e indiscutível a sentença, não mais sujeita a recurso ordinário ou extraordinário; art. 469 – não fazem coisa julgada os motivos, ainda que importantes, para determinar o alcance da parte dispositiva da sentença; a verdade dos fatos estabelecida como fundamento da sentença; a apreciação da questão prejudicial, decidida incidentemente no processo; art. 472 – a sentença faz coisa julgada às partes do processo, não beneficiando nem prejudicando a terceiros.

Leis:

Lei n. 7.347, de 24.7.1985: art. 12 – autoriza o juiz a conceder mandado liminar, com ou sem justificação prévia, em decisão sujeita a agravo.

Lei n. 9.494, de 10.9.1997 — disciplina a tutela antecipada e altera o art. 16 da Lei n. 7.347/1985 para estabelecer que os efeitos *erga omnes* da sentença ficam limitados à competência territorial do órgão prolator, exceto se o pedido for julgado improcedente por insuficiência de provas, hipótese em que qualquer legitimado poderá intentar outra ação com idêntico fundamento.

Art. 104 As ações coletivas, previstas nos incisos I e II e do parágrafo único do art. 81, não induzem litispendência para as ações individuais, mas os efeitos da coisa julgada *erga omnes* ou *ultra partes* a que aludem os incisos II e III do artigo anterior não beneficiarão os autores das ações individuais, se não for requerida sua suspensão no prazo de trinta dias, a contar da ciência nos autos do ajuizamento da ação coletiva.

Normas Correlatas:
Código de Processo Civil: art. 105 – sobre conexão e continência; art. 106 – sobre ações conexas; art. 219 – efeitos da citação válida; art. 301, §§ 1º, 2º e 3º – sobre litispendência e identidade de ações.

TÍTULO IV
DO SISTEMA NACIONAL DE DEFESA DO CONSUMIDOR

Art. 105 Integram o Sistema Nacional de Defesa do Consumidor (SNDC), os órgãos federais, estaduais, do Distrito Federal e municipais e as entidades privadas de defesa do consumidor.

Normas Correlatas:
Constituição Federal: art. 24, V e VIII – competência legislativa concorrente da União, Estados e Distrito Federal para legislar sobre produção e consumo e sobre responsabilidade por dano ao consumidor.
Decreto n. 2.181, de 20.3.1997 — criou o Sistema Nacional de Defesa do Consumidor.

Art. 106 O Departamento Nacional de Defesa do Consumidor, da Secretaria Nacional de Direito Econômico (MJ), ou órgão federal que venha substituí-lo, é organismo de coordenação da política do Sistema Nacional de Defesa do Consumidor, cabendo-lhe:

I – planejar, elaborar, propor, coordenar e executar a política nacional de proteção ao consumidor;

II – receber, analisar, avaliar e encaminhar consultas, denúncias ou sugestões apresentadas por entidades representativas ou pessoas jurídicas de direito público ou privado;

III – prestar aos consumidores orientação permanente sobre seus direitos e garantias;

IV – informar, conscientizar e motivar o consumidor através dos diferentes meios de comunicação;

V – solicitar à polícia judiciária a instauração de inquérito policial para a apreciação de delito contra os consumidores, nos termos da legislação vigente;

VI – representar ao Ministério Público competente para fins de adoção de medidas processuais no âmbito de suas atribuições;

VII – levar ao conhecimento dos órgãos competentes as infrações de ordem administrativa que violarem os interesses difusos, coletivos, ou individuais dos consumidores;

VIII – solicitar o concurso de órgãos e entidades da União, Estados, do Distrito Federal e Municípios, bem como auxiliar a fiscalização de preços, abastecimento, quantidade e segurança de bens e serviços;

IX – incentivar, inclusive com recursos financeiros e outros programas especiais, a formação de entidades de defesa do consumidor pela população e pelos órgãos públicos estaduais e municipais;

X – (Vetado).

XI – (Vetado).

XII – (Vetado).

XIII – desenvolver outras atividades compatíveis com suas finalidades.

Parágrafo único. Para a consecução de seus objetivos, o Departamento Nacional de Defesa do Consumidor poderá solicitar o concurso de órgãos e entidades de notória especialização técnico-científica.

Normas Correlatas:

Decreto n. 2.181, de 20.3.1997 — organizou o Sistema Nacional de Defesa do Consumidor.

TÍTULO V
DA CONVENÇÃO COLETIVA DE CONSUMO

Art. 107 As entidades civis de consumidores e as associações de fornecedores ou sindicatos de categoria econômica podem regular, por convenção escrita, relações de consumo que tenham por objeto estabelecer condições relativas ao preço, à qualidade, à quantidade, à garantia e características de produtos e serviços, bem como à reclamação e composição do conflito de consumo.

§ 1º A convenção tornar-se-á obrigatória a partir do registro do instrumento no cartório de títulos e documentos.

§ 2º A convenção somente obrigará os filiados às entidades signatárias.

§ 3º Não se exime de cumprir a convenção o fornecedor que se desligar da entidade em data posterior ao registro do instrumento.

Normas Correlatas:

Código de Defesa do Consumidor: art. 50 – reza que a garantia contratual é complementar à legal e será conferida mediante termo escrito, devendo esclarecer em que consiste essa garantia, bem como a forma, o prazo e o lugar em que pode ser exercitada; art. 71 – punível com pena de detenção "utilizar na cobrança de dívidas, de ameaça, coação, constrangimento físico, ou moral, afirmações falsas, incorretas ou enganosas ou de qualquer outro procedimento que exponha o consumidor, injustificadamente, a ridículo ou interfira com seu trabalho, descanso ou lazer"; art. 82 – menciona as entidades civis de consumidores.

CLT: art. 511, § 1º – define sindicato e categoria econômica: arts. 611 a 625 – regulam as convenções coletivas de trabalho.

Lei n. 6.015, de 31.12.1973: art. 1º – estabelece que os registros públicos foram criados por lei para autenticidade, segurança e eficácia dos atos jurídicos; arts. 127 a 166 – regulam o registro de títulos e documentos.

Art. 108 (Vetado).

TÍTULO VI
DISPOSIÇÕES FINAIS

Art. 109 (Vetado).

Art. 110 Acrescente-se o seguinte inciso IV ao art. 1º da Lei n. 7.347, de 24 de julho de 1985:

"IV — a qualquer outro interesse difuso ou coletivo".

Art. 111 O inciso II do art. 5º da Lei n. 7.347, de 24 de julho de 1985, passa a ter a seguinte redação:

"II – inclua, entre suas finalidades institucionais, a proteção ao meio ambiente, ao consumidor, ao patrimônio artístico, estético, histórico, turístico e paisagístico, ou a qualquer outro interesse difuso ou coletivo".

Art. 112 O § 3º do art. 5º da Lei n. 7.347, de 24 de julho de 1985, passa a ter a seguinte redação:

"§ 3º Em caso de desistência infundada ou abandono da ação por associação legitimada, o Ministério Público ou outro legitimado assumirá a titularidade ativa".

Art. 113 Acrescente-se os seguintes §§ 4º, 5º e 6º ao art. 5º, da Lei n. 7.347, de 24 de julho de 1985:

"§ 4º O requisito da pré-constituição poderá ser dispensado pelo juiz, quando haja manifesto interesse social evidenciado pela dimensão ou característica do dano, ou pela relevância do bem jurídico a ser protegido.

§ 5º Admitir-se-á o litisconsórcio facultativo entre os Ministérios Públicos da União, do Distrito Federal e dos Estados na defesa dos interesses e direitos de que cuida esta lei.

§ 6º Os órgãos públicos legitimados poderão tomar dos interessados compromisso de ajustamento de sua conduta às exigências legais, mediante combinações, que terá eficácia de título executivo extrajudicial".

Normas Correlatas:
V. Resp n. 222.582/MG/STJ.

Art. 114 O art. 15 da Lei n. 7.347, de 24 de julho de 1985, passa a ter a seguinte redação:

"Art. 15. Decorridos sessenta dias do trânsito em julgado da sentença condenatória, sem que a associação autora lhe promova a execução, deverá fazê-lo o Ministério Público, facultada igual iniciativa aos demais legitimados".

Art. 115 Suprima-se o *caput* do art. 17 da Lei n. 7.347, de 24 de julho de 1985, passando o parágrafo único a constituir o *caput*, com a seguinte redação:

"Art. 17. Em caso de litigância de má-fé, a associação autora e os diretores responsáveis pela propositura da ação serão solidariamente condenados em honorários advocatícios e ao décuplo das custas, sem prejuízo da responsabilidade por perdas e danos".

Art. 116 Dê-se a seguinte redação ao art. 18 da Lei n. 7.347, de 24 de julho de 1985:

"Art. 18. Nas ações de que trata esta lei, não haverá adiantamento de custas, emolumentos, honorários periciais e quaisquer outras despesas, nem condenação da associação autora, salvo comprovada má-fé, em honorários de advogado, custas e despesas processuais".

Art. 117 Acrescente-se à Lei n. 7.347, de 24 de julho de 1985, o seguinte dispositivo, renumerando-se os seguintes:

"Art. 21. Aplicam-se à defesa dos direitos e interesses difusos, coletivos e individuais, no que for cabível, os dispositivos do Título III da lei que instituiu o Código de Defesa do Consumidor".

Normas Correlatas:

Constituição Federal: art. 129 – define as atribuições do Ministério Público admitindo outras por lei desde que compatíveis com sua finalidade institucional; art. 129, III – uma das funções institucionais do Ministério Público é promover o inquérito civil e a ação civil pública para proteção de interesses e direitos difusos e coletivos.

Código de Defesa do Consumidor: art. 81 – define interesses e direitos difusos, coletivos e homogêneos; art. 82 – substituição de legitimados em ação coletiva; art. 84 – tutela específica em ação para cumprimento de obrigação de fazer ou de não fazer; art. 93 – sobre foro competente; art. 96 – sobre ação coletiva.

Código de Processo Civil: art. 17 – litigância de má-fé; art. 18 – efeitos da condenação do litigante de má-fé; art. 267, VIII e § 4º – extinção do processo, sem julgamento do mérito e desistência da ação depois da contestação; art. 275 – o procedimento sumário e as relações de consumo; art. 315 – da reconvenção; art. 331 – sobre audiência de conciliação; arts. 420 a 439 – da perícia; art. 461, § 5º – para efetivação da tutela específica, pode o juiz determinar medidas como imposição de multa por tempo de atraso, busca e apreensão, remoção de pessoas e coisas, desfazimento de obras, impedimento de atividade nociva, se necessário com requisição de força policial; art. 522 – das decisões interlocutórias caberá agravo, no prazo de 10 (dez) dias, na forma retida, salvo quando se tratar de decisão suscetível de causar à parte lesão grave e de difícil reparação, bem como nos casos de inadmissão da apelação e nos relativos aos efeitos em que a apelação é recebida, quando será admitida a sua interposição por instrumento; art. 585, VII – título executivo extrajudicial; art. 645 – obrigação de fazer ou não fazer resultante de título extrajudicial.

Leis:

Lei n. 7.347, de 24.7.1985: art. 5º, § 3º – abandono da ação e conduta do Ministério Público; art. 5º, § 5º – litisconsórcio facultativo entre os Ministérios Públicos federal, estadual e do Distrito Federal; art. 5º, § 6º – compromisso do fornecedor de ajustar sua conduta às prescrições da lei. Título executivo extrajudicial; art. 8º – para instruir petição inicial (da ação civil pública), pode o interessado requerer às autoridades competentes certidões e informações que julgar necessárias. O prazo de atendimento é de quinze dias; art. 12 – medida liminar deferida pelo juiz, sujeita a agravo. Seu cancelamento pelo Presidente do Tribunal; art. 15 – está o Ministério Público autorizado a substituir associação autora que, 60 dias após trânsito em julgado da sentença, não promover sua execução; art. 17 – litigância de má-fé de associação autora de ACP; art. 19 – subsidiariedade do Código de Processo Civil; art. 21 – LACP e subsidiariedade do Título III do Código de Defesa do Consumidor (Da defesa do consumidor em juízo).

Lei n. 9.099, 26.9.1995 — juizados especiais cíveis e criminais: art. 57 – dá força executiva a acordo extrajudicial.

Art. 118 Este código entrará em vigor dentro de cento e oitenta dias a contar de sua publicação.

Art. 119 Revogam-se as disposições em contrário.

Brasília, 11 de setembro de 1990; 169º da Independência e 102º da República.

FERNANDO COLLOR

ÍNDICE ALFABÉTICO E REMISSIVO

(os números se referem aos artigos)

A

Abandono de ação e o Ministério Público 117
Abuso
    de direito e a empresa 28
    de poder do acionista controlador da S.A. 28
    do poder econômico e a CF 41
Ação civil pública
    alterações da lei 110
    petição inicial 117
Ação coletiva
    edital de convocação dos interessados 94
    liquidação e execução da sentença 97
Ação de regresso
    e o Código Civil 88
    e o comerciante 88
Ação
    de responsabilidade por danos difusos ou coletivos 81
    monitória 49
    penal subsidiária. Missão do Ministério Público 80
Acesso à justiça 6º
Acidentes pessoais em ferrovia 3º
Acionista controlador da S.A.
    abuso de poder 28
Ações coletivas
    custas 87
    honorários periciais e advocatícios 87
Ações e cautelas
    vendas irregulares 61
Acordo extrajudicial
    força executiva 117
Administração direta
    conceito 3º
    e indireta 22
Administrador da empresa
    responsabilidade criminal 75
Advogado 3º
Afirmação falsa ou enganosa
    crime 66
    e a economia popular 66
Agente autônomo de investimento 3º
Agrimensor 3º
Agrotóxicos
    comercialização 3º
Água. Qualidade. Informação 22

Alienação fiduciária
    devolução de prestações 53
    lei 53
Alimentos
    Código Brasileiro... 8º
    embalagem. Solda de liga de chumbo e estanho 56
Amostras grátis de produtos 39
Anabolizantes e esteroides 8º
Antitruste
    lei 80
Arbitragem
    geral 5º
    lei 51
Armazéns gerais 3º
Assistência judiciária 5º
Atos jurídicos
    prova 46
Autarquia
    conceito 3º

B

Bagagem
    perda 3º
Banco Central
    instituições financeiras 3º, 22
    prestação de serviços 7º
Banco de dados
    cadastros de consumidores 43
Bebidas
    padronização e registro 8º
Benfeitorias necessárias
    renúncia à indenização 51
Bens imóveis
    relação no Código Civil 53

C

Cadastros de consumidores
    banco de dados 43
CADE
    desconsideração da personalidade jurídica 28
Caso fortuito
    força maior e a prestação 32
CDC
    norma de ordem pública 1º
Chamamento ao processo
    devedores solidários 88
Citação válida
    efeitos 27
Cláusula
    exoneratória do fornecedor 51
    penal.. 52
    penal e o Código Civil 32

Cláusulas abusivas
    geral 51
    portarias do Ministério da Justiça 51
Cobrança de quantia indevida 42
Código Brasileiro de Aeronáutica 3º
Código Brasileiro de Autorregulamentação Publicitária 37
Código Penal
    aplicação subsidiária aos crimes de consumo 61
Coisa julgada
    e a CF 103
    e o CDC 103
    e o CPC 103
    interesses individuais 103
Competência
    justiça local 93
    justiça brasileira 13
Compra e venda
    preço 52
Compromisso do fornecedor 117
Computador
    propriedade intelectual do programa 53
Comunicação social e a CF 36
Concessão de serviços públicos
    lei 22
Concorrência
    crimes contra 80
    desleal 4º, 37
    práticas restritivas 41
Concurso
    de créditos na ação civil pública 99
    de pessoas — Código Penal 75
    material e formal no Código Penal 64
Condenação genérica na ação coletiva 95
Condições
    licitude no Código Civil 39
Condomínio
    edificações 12
Conexão e continência no CPC 104
Conselho
    de Saúde Complementar 3º
    Federal Gestor do Fundo de Direitos Difusos 1º
    Monetário Nacional e o crédito 52
Consórcio de produtos duráveis
    restituição de prestações 53
Consumidor
    assistência jurídica gratuita 5º
    conceito 2º
    contratos — conteúdo 46
    crédito — juros de mora 52
    crime — não correção da informação 73

culpa 13
defesa coletiva em juízo 81
defesa em juízo 81
defesa. Ações judiciais 83
defesa. CF, art. 5º, XXXII 1º
dificuldade de acesso às informações. Crime 72
direito à restituição do que pagou 41
direito ao reembolso do que pagou 51
direito de acesso às informações 43
direito de desistir do contrato 49
direitos básicos 6º
fraqueza ou ignorância 39
fraude no comércio 61
informações inexatas 73
interesses difusos, coletivos e homogêneos 2º
legitimados para defesa judicial 82
obrigações iníquas 51
orçamento prévio 40
pessoas equiparadas 2º, 29
recusa ao atendimento da demanda 39
recusa de oferta 35
riscos à saúde e segurança 8º, 31
solidariedade na reparação dos danos 7º
tratados e convenções internacionais 1º
tratados internacionais. CF 7º
vícios do produto. Soluções alternativas 18
vítimas do evento 12
vulnerabilidade 4º

Consumo
crimes 1º, 10
infrações penais 61
interpretação dos contratos 47
litígios. Juizados especiais 5º
política nacional 4º

Contabilista 3º
Contrapropaganda e o fornecedor 60
Contrato
benéficos. Sua interpretação 47
cancelamento unilateral 51
Código Civil 30
comutativo — Código Civil 27
de adesão 18
de adesão. Cláusula resolutória 54
de adesão. Conceito 54
de compra e venda 1º, 49
de consumo. Código Civil 46
de consumo. Desistência 49
de consumo. Nulidades 46
de consumo. Proteção 46
de empreitada no Código Civil 40

de prestação de serviços. Desfazimento 41
de seguro. Definição no Código Civil 101
de transportes 46
desistência 49
ilegível 54
imobiliários. Legislação 53
nulidade de cláusula 51
nulidade. Código Civil 51
proposta 33
usura 51
via epistolar 30
via telegráfica 33

Convenção Coletiva de Consumo
finalidades 107

Convenção de Paris
revisão 9º

Corretor de seguros 3º
CPC e Lei n. 7.347/1985. Subsidiários do CDC 90
Crédito
Conselho Monetário Nacional 52
fornecimento de produtos ou serviços 52

Crimes
contra a ordem econômica 41
contra a ordem tributária 61
contra relações de consumo 1º, 10, 61
contra o sistema financeiro 61
de ação pública. Ação privada 80
de consumo. Assistentes do Ministério Público 80
de consumo. Circunstâncias agravantes 76

Custas
ações coletivas 87

D

Dano moral
indenização 42

Dano
causado por produtos ou serviços 27
peça incorporada ao produto ou serviço 25
responsabilidade civil de reparar 6º

Debêntures 46
Débito. Liquidação antecipada 52
Decadência
circunstâncias obstativas 26
direito de reclamar 26
inquérito civil 26

Declarações de vontade e seu sentido 47
Defensoria Pública da União 5º
Defesa do consumidor e a CF 1º
Delegacias especializadas no atendimento aos consumidores 5º
Dentista 3º

Denunciação da lide.. 88, 101
Departamento Nacional de Defesa do Consumidor 106
Desabamento
    perigo 61
Desconsideração da personalidade jurídica 28
Desfazimento do contrato de prestação de serviços 41
Desconsideração da personalidade jurídica e a CLT 28
Despachante aduaneiro 3º
Dia Nacional do Consumidor 1º
Dias-multa e penas privativas de liberdade 77
Direito de arrependimento. Consumidor 49
Direito de reclamar. Decadência 26
Direito de resposta e a CF 42
Direitos básicos do consumidor 6º
Dispositivos elétricos e o INMETRO 39
Dívida
    cobrança por meios irregulares 41
    Código Penal 71
    paga. Cobrança 42
    prisão. CF 53
    utilização da coação na cobrança 71
    utilizar ameaça ou coação na cobrança 42
Domínio econômico
    intervenção 61
    intervenção da União 1º

E

Embalagem
    Alimentos. Solda de liga de chumbo e estanho 56
    quantidade de produto. Alteração 4º, 6º, 31
    rotulagem e mensagem publicitária 19
Empreitada 40
Empreitada e responsabilidade civil 12
Empresa
    estatais. Representação da União 59
    pública. Conceito 3º
    registro público 59
    seguradoras 3º
Empréstimos mercantis ou debêntures 46
Engenheiro 3º
Equipamento de Proteção Individual — EPI 8º
Estelionato 66
Esteroides e anabolizantes 8º
Estradas de ferro 3º
Evicção
    exclusão 24
    riscos 50
Execução coletiva 98

F

Falência do fornecedor 28

Fiança
    Constituição Federal 79
    Código de Processo Penal 79
Fiança e crimes de consumo 79
Fiscal da lei
    Ministério Público 92
Força maior, caso fortuito e a prestação 32
Fornecedor
    cadastro de reclamações 44
    cláusula exoneratória 51
    cominação da contrapropaganda 60
    conceito 3º
    declarações de vontade 48
    direito à ampla defesa 59
    direito de defesa 56
    falência. Indenização 101
    importador. Responsabilidade sem culpa 12
    práticas abusivas 39
    produtor rural 3º
    produtos ou serviços solidários com empregados 34
    recusa de cumprimento de oferta 35
    responsabilidade sem culpa 12
    serviços. Responsabilidade 14
    situações excludentes da culpa 12
    termo de garantia 50
    títulos executivos extrajudiciais 48
Fundações 2º
Fundo de Defesa dos Direitos Difusos 57

G
Garantia contratual 50

H
Habeas corpus 6º
Habeas data 6º
    banco de dados 43
    cadastro de consumidores 43
    lei reguladora 72

I
Idoso
    estatuto 1º
Importador
    responsabilidade 12
Imprensa
    lei 6º
Incorporações imobiliárias
    informações enganosas 66
Indenização
    atividades profissionais 14
    dano — Código Civil 101
    geral 14

indenização. Dano material, moral ou imagem 42
Informações sobre o consumidor
    dificultar acesso. Crime 43
Infrações penais e o CDC 61
INMETRO
    lei instituidora 8º
Inquérito civil
    decadência 26
    Ministério Público 117
    normas legais pertinentes 90
Instituições financeiras 3º
    Banco Central 22
    liquidação 8º
Integração à lide do IRB 101
Interdição temporária de direitos 78
Interesses difusos, coletivos e individuais homogêneos 81
Interpretação dos contratos de consumo 47
Intervenção da União no domínio econômico 1º
Inversão do ônus da prova 6º
IRB e integração à lide 101
Isonomia. Princípio da — e a CF 51

J

Juizados especiais cíveis e criminais 5º
Juros de mora
    crédito ao consumidor 52
Justiça
    acesso 6º
    estadual e o CDC 93
    Justiça Federal. Competência 93

L

Leasing e a Lei 53
Legislação
    concorrente sobre produtos e serviços 55
    concorrente. União e dos Estados 1º
    de consumo. Constituição Federal 55
Legitimados
    defesa judicial do consumidor 82
    substituição. Ação civil pública 117
Lei
    economia popular 1º
    obscuridade 7º
    omissão 7º
Liberdade
    de expressão e informação na CF 30
    de trabalho e a CF 59
Licitação de concessão de serviços públicos e a CF 58
Litigância
    de má-fé — ação coletiva 87
    CPC 87

Litisconsórcio
    ativo ou passivo 18
    facultativo e o CPC 81
    obrigatório e o IRB 101
Litispendência
    ações coletivas 104
    ações individuais 104
Livre concorrência
    crimes contra 61
Loteamentos 61

M

Mandatários, prepostos, empregados e crédito tributário 28
Médico 3º
Mensalidades escolares 46
Mercado de consumo e produtos perigosos ou nocivos 10
Mercado de capitais. Danos. Lei específica 81
Mercadorias. Transporte. Portos 3º
Mercosul 1º
Microempresa. Leis específicas 3º
Ministério Público. Atribuições 1º
Mora
    do devedor 52
    nas obrigações comerciais 36
Ministério Público
    proteção dos interesses difusos e coletivos 81
Multa
    CDC 56
    graduação 57
    indenização por perdas e danos 84
    reversão 56
    valor 57

N

Normas para aplicação das sanções 58

O

Obrigação de fazer
    CPC 84
    multa no atraso 84
    prestação pessoal 84
    tutela antecipatória 84
Obrigação solidária e o Código Civil 18
Obrigações
    iníquas impostas ao consumidor 51
    mercantis sem prazo 33
Oferta
    e venda por telefone 33
    publicitária de produtos e serviços 30
Ofícios de registro
    responsabilidade 3º

Omissão
    da Lei 7º
    Código Penal 76
Orçamento
    prazo de validade 40
    prévio ao consumidor 40
Ordem econômica. CF 37
Ordem pública. CDC 1º
Órgãos públicos e prestação de serviços 22

P

Pagamento com sub-rogação 13
Peças
    de reposição. Garantia 32
    incorporação no produto 3º
    originais. Serviços 21
    usadas. Crime de reparação de produtos 70
Penalidades administrativas
    relação 55
Penas
    de multa. Código Penal 78
    pecuniária. CDC 77
    restritivas de direitos. CPC 78
    restritivas de direitos. Código Penal 63
Planos
    de saúde 3º, 46
    lei 6º
Portos nacionais
    prestação de serviços 3º
Práticas
    abusivas do fornecedor 39
    restritivas da concorrência 41
Prazo
    de habilitação na execução em ação coletiva 100
    de validade dos produtos 18
Pré-contratos e relações de consumo 48
Preço
    controle 41
    modificação arbitrária 39
Preponentes
    responsabilidade 34
Prescrição
    cadastro dos consumidores 43
    cobrança de dívidas dos consumidores 43
    direito de ação do consumidor 97
    prazo de 5 anos 27
Prestação de serviços 3º, 40
    órgãos públicos 22
Prestadores
    autônomos de serviços 3º
    de serviços autônomos 14
    de serviços públicos e a CF 12

Prisão por dívidas e a CF 53
Processo administrativo sobre infrações ao CDC 57
Produto
    cassação do registro 56
    conceito 3º
    de melhor qualidade 12
    defeituoso — conceito 12
    fabricação proibida no território nacional 101
    fornecimento condicionado à venda de outro 39
    incorporação de peça 3º
    nocividade e periculosidade 63
    nocivo à saúde e a lei penal 12
    perigoso ou nocivo colocado no mercado 64
    pesagem e medição 19
    produto — quando é defeituoso 12
    serviço — garantia legal 24
Produtos
    alimentícios ou medicinais adulterados 61
    alimentícios — registro 12
    apresentação em língua portuguesa 31
    deteriorados ou adulterados 18
    duráveis e não duráveis — vícios 18
    farmacêuticos — vigilância sanitária 8º
    in natura 18
    perigosos ou nocivos — anúncios publicitários 10
    perigosos ou nocivos — mercado de consumo 10
    produtos — prazos de validade 18
    serviços nocivos ou perigosos 9º
    serviços — tabelas oficiais 41
Profissionais liberais
    indenização devida 14
    responsabilidade 14
Programa de computador
    a quem pertence 53
    propriedade intelectual 53
Propaganda de cigarros e bebidas alcoólicas 30
Proposta de contrato 33
Propriedade industrial 4º
Propriedade industrial. Código 9º
Prova
    inversão do ônus 6º, 51
    ônus — CPC 6º
    ônus na publicidade 38
Pesagem e medição do produto 19
Publicidade
    abusiva — conceito 37
    enganosa ou falsa — crime 67
    indutora de comportamento perigoso à saúde 68
    sem organização de dados táticos — crime 69
    como veicular 36

enganosa. Conceito 37
enganosa ou abusiva 37
Publicitário
    lei 6º
    profissão 67

Q

Quantidade de produto na embalagem .... 4º e 6º
Químico 3º

R

Reclamações contra fornecedores. Cadastro 44
Recusa de atendimento à demanda do consumidor 39
Reembolso postal 49
Regime de concessão de serviços públicos 58
Registro de firmas comerciais 59
Registros públicos. Lei 3º
Reincidência
    CDC 59
    Código Penal 77
Relações de consumo
    órgãos oficiais 44
    procedimento sumário 117
    regulação 4º
Reparação do produto com peças usadas
    crime 70
Representante comercial 3º
Responsabilidade
    administração pública. Constituição Federal 22
    civil de indenizar. Código Civil 23
    civil de reparar o dano 6º
    civil do fornecedor e a justiça 101
    fato do produto e do serviço 27
    grupo societário 28
    profissionais liberais 14
    sem culpa do fornecedor 12
Réu. Citação. Tutela liminar 84
Riscos de evicção 50

S

SAC 4º
Salvaguardas
    acordo 1º
Sanções administrativas
    especificação 56
    relação 55
Saúde
    infrações às normas 8º
    seguro 52
Seguros
    obrigatórios. Relação 101
    privados 3º

    privados de assistência à saúde 3º
    privados — lei 51
    saúde 52
Sentença
    erga omnes 103
    erga omnes com efeitos limitados 103
    recurso pela vítima do crime 80
    ultra partes 103
Serviço
    conceito 3º
    de atendimento ao consumidor — SAC 4º
    defeituoso 14
    perigoso contrário às normas oficiais 65
    reexecução 20
    vícios de qualidade 20
Serviços
    autônomos 14
    bancários 7º
    de informações 3º
    nocivos ou perigosos 9º
    peças originais 21
    prestação 3º
    públicos em concessão ou permissão 3º, 7º, 22
    públicos. Prestadores 12
    sem orçamento 40
    tabelamento de preços 41
    transporte público 7º
    tributáveis 3º
    vícios de qualidade 20
Sistema Nacional de Defesa do Consumidor 105
Sociedade
    de capital e indústria 28
    de economia mista e Lei das S.A. 28
    de economia mista. Conceito 3º
    em comandita 28
    em nome coletivo 28
    limitada por quotas 28
    sem personalidade jurídica e o CPC 82
    prova de existência 82
Sociedades
    associações civis 2º
    coligadas e a culpa 28
    de financiamento e investimento 3º
    limitadas por quotas de responsabilidade limitada 3º
Solidariedade
    Código Civil 18, 25, 34
    Código Tributário 28
    passiva de fornecedores 3º
    reparação dos danos ao consumidor 7º

Solo
    parcelamento 61
Substituto processual e os legitimados 91

T

Tabelas oficiais de produtos e serviços 41
Termo de garantia 50
Termo de garantia. Recusa. Crime 74
Títulos executivos extrajudiciais e o fornecedor 48
Transação. Interpretação restritiva 47
Transporte
    aéreo .... $3^{\underline{o}}$
    aquaviário .... $3^{\underline{o}}$
    ferroviário — regulamento .... $3^{\underline{o}}$
    multimodal de cargas 51, 59
    multimodal — responsabilidade do operador .... $3^{\underline{o}}$
    rodoviário de passageiros .... $7^{\underline{o}}$
TV a cabo 36

U

Usura em contrato 51

V

Vantagem
    exagerada — conceito 51
    ilícita — Código Penal 70
Venda
    a crédito sem reserva de domínio 46
    a prestações — lei disciplinadora .... $8^{\underline{o}}$
    por telefone 49
Vícios de qualidade
    ignorância 22
    ou de quantidade dos produtos 18
    ou quantidade — responsabilidade .... $3^{\underline{o}}$
Vítima dos eventos são consumidores 17